八瀬童子

歴史と文化

宇野日出生

思文閣出版

はじめに

昭和六十四年（一九八九）一月七日、昭和天皇が崩御された。昭和天皇の存在とは、今を生きるわれわれにとって、いろいろな意味で象徴的な天皇だったことは確かである。したがって、当時は昭和天皇に関するさまざまな報道が連日行われたものだった。

そうしたなかで、突如として注目された人々があった。八瀬童子である。現在この名前を知っている人は、ほんのわずかに過ぎないだろう。しかし昔は、結構名の知れた人々だったのである。それは大喪や大礼の時に、輦《れん》（輦輿《れんよ》）を担いだ人々だったからである。明治時代以降、八瀬童子の存在は次第に報道されるようになり、すでに大正天皇大喪の時には、報道関係者による八瀬童子への取材や報道はさかんだった。八瀬童子といえば、かなりの人たちの知るところとなっていた。

そして再び知られる時がやってきたのである。でもそれは戦後の新しい日本社会のなかでのことだったから、すっかり様子は変わっていた。もう八瀬童子が、輦を担ぐということはなかった。戦前までの八瀬童子と戦後の八瀬童子は、大きく変化していた。それでも昭和天皇崩御以来、八瀬童子がはたした過去の役割について、取材や報道が再開された。連日、洛北八瀬の里に報道関係者がやってきて、八瀬や八瀬童子について紹介した。

八瀬童子については、実は誤解されていることもある。それはかれらが輦を担ぐだけの人々だったという認識についてである。なぜそういう事態に至ったのかということが、正確に伝えられていないからだ。戦後の歴史学研究のなかでも、八瀬童子について信憑性のある史料に基づいて研究しているものは少ない。また身分制論のなかにおいても、想像の域を出ないものが多く、これが新たな誤解を助長している。でもこれには訳がある。それは八瀬童子の関係文書が非公開だったからである。

その後、ようやく京都市歴史資料館が古文書を悉皆調査する機会に恵まれ、その成果は『八瀬童子会文書』（叢書京都の史料4　京都市歴史資料館発行）として翻刻され、平成十二年（二〇〇〇）刊行に至った（三年後に『八瀬童子会文書　増補』を刊行）。したがって八瀬および八瀬童子の研究に、やっと本格的な材料が与えられたことになる。

さてこのたび書名を『八瀬童子　歴史と文化』としたのにも理由がある。八瀬童子には、あの八瀬の地に平安時代から自治組織を形成し、以来中世・近世・近代・現代といった各激動の時代を、苦難をともないながら歩んできた歴史があった。その歴史は今、かたちが変わってはいるものの、民俗行事として伝えられている一面がある。またかれらには、かれら独自の考え方が残されている。それは今に生きる八瀬童子の思想であり、また行動となっている。さまざまに重なり合う歩みのうえに立った八瀬童子の歴史とは、そのもの自体文化の領域にまで到達したものとなっているからだ。単なる八瀬童子の歴史ではなく、歴史に裏付けられた文化として、八瀬童子を捉えたかったのである。

本書は、筆者が長年の調査に際してお世話になった八瀬童子の方々に対する感謝のしるしでもある。または多くの人たちに、八瀬および八瀬童子の真実を知っていただくためのいざないの書でもある。この洛北の山里から日本の歴史を見つめてほしいと思った。

そして最後に。より多くの方に読んでいただくことを念頭に、まず難解な史料の引用を極力省略した。また先行論文の分析や、参考文献等を逐一注記しなかったこともお許しいただきたい。先学諸氏の研究を踏まえたうえでの執筆であることを、冒頭にてお断りしておきたい。

八瀬童子　歴史と文化　目次

八瀬童子

歴史と文化

第一章　八瀬の不思議〈古代から現代までの時空〉

一　八瀬という所

京都市左京区八瀬は、洛北高野川上流沿いの四方を山に囲まれた集落である。北は花尻橋で大原に接し、南は高野に、東は比叡山を境として滋賀県大津市と、西は山（瓢箪崩山《ひょうたんくずれやま》）を隔てて岩倉と接している。集落を縦貫して大原から滋賀県の朽木へと続く山間道（国道三六七号線）は、若狭街道（鯖街道）とも呼ばれ、近江・若狭へと続く重要な交通路だった。この道は八瀬の集落を貫く幹線であったが、往古より他国との往来をはたすうえでの街道であったため、人や物資の頻繁な行き来があった。特に京の七口のひとつ大原口（八瀬口）とは、現在の出町（上京区河原町通今出川北側一帯）付近にあたるが、近江・若狭方面への出入口だった。その口につながる道は、若狭で捕れた鯖などの鮮魚が塩漬けにされて京都へ搬

図１　八瀬の風景
（右は比叡山、左は瓢箪崩山、右下は高野川）

送されたことから俗に鯖街道とも呼ばれていた。八瀬は京の出町から北東に約六キロ隔てた所にあった。したがって鯖街道沿いの八瀬とは、京都市中に比較的近い位置にあり、しかも多くの人々が往来した街道沿いに発展した山間村落であったことが知られるのである。

八瀬は旧愛宕郡《おたぎぐん》に属したが、現在は京都市左京区に包括され、さらに行政区割りとして昭和二十四年以降、町内は北部から順に花尻町・近衛町・秋元町・野瀬町の四カ町から構成されるようになった。このうち近衛町と秋元町の二カ町の町名は、地名に由来するものではなく、江戸時代において八瀬の歴史に大きな影響をおよぼした人名に依拠している。詳細は第九～十一章に譲るが、八瀬の住民にとって、忘れることのできない恩恵を受けた人物名が現行町名として表記されたことは、この地域の歩みを考えるうえで非常に注目すべきことであろう。

さて八瀬の知名度については、「八瀬・大原方面」といったひとくくりで称されることが多いが、一般の観光客が八瀬を訪れることは少ない。毎年十月に行われる祭礼である赦免地《しゃめんち》踊《おどり》の時を除いては、ほとんどの者は八瀬を素通りして大原へと向かう。もっとも大原のような美しいロケーション地に恵まれていないうえ、観光とすべきスポットもほとんどない。しかし八瀬というところは、実に不思議なことが多く残っているところなのである。筆者も二〇年以上にわたって、京都市内のさまざまな地域を調査研究してきたが、この八瀬という小さな集落ほど、驚きに満ちたところはなかった。

図２　鯖街道石碑
上：出町にある鯖街道の石碑（鴨川出町橋西詰に建立）
下：小浜市にある鯖街道の石碑（いづみ町商店街通路に埋め込まれている）

二　秘められた歩み

八瀬の不思議なところを整理していくと、次第にこの地域の壮大なる歩みを知ることとなる。そしてそれは京都の歴史や日本の歴史を考えるうえで、極めて大切なことであることがわかってきた。

ではいったい八瀬とは、いかなる地域なのだろうか。そこでまず最初に知っておかねばならないことがある。それは古くから八瀬に住んでいる人々のことを八瀬童子と呼んでいたことである。この童子とは子供のことではない。一般には寺院の衆徒のもとにおいて、実務労働を負担した階層の者たちをさし、寺院内では大童子・中童子などとも呼称された。なお八瀬童子の場合に限っては、居住地の八瀬の名前が冠として童子に付随したものと思われる。

さて八瀬童子は、古来より隣接する比叡山延暦寺とのかかわりを有してきた。両者の関係は平安時代までさかのぼることができ、以降鎌倉時代・南北朝時代・室町時代・安土桃山時代・江戸時代へと続くのだった。この各時代にあって途切れることのない関係が、実は八瀬童子の極めて不思議な一面を形成しているのであった。さらに驚くべきは、次の明治時代という大きな時代変化のなかにあっても、従来からの特権を保守し続け、さらにこの伝統が現

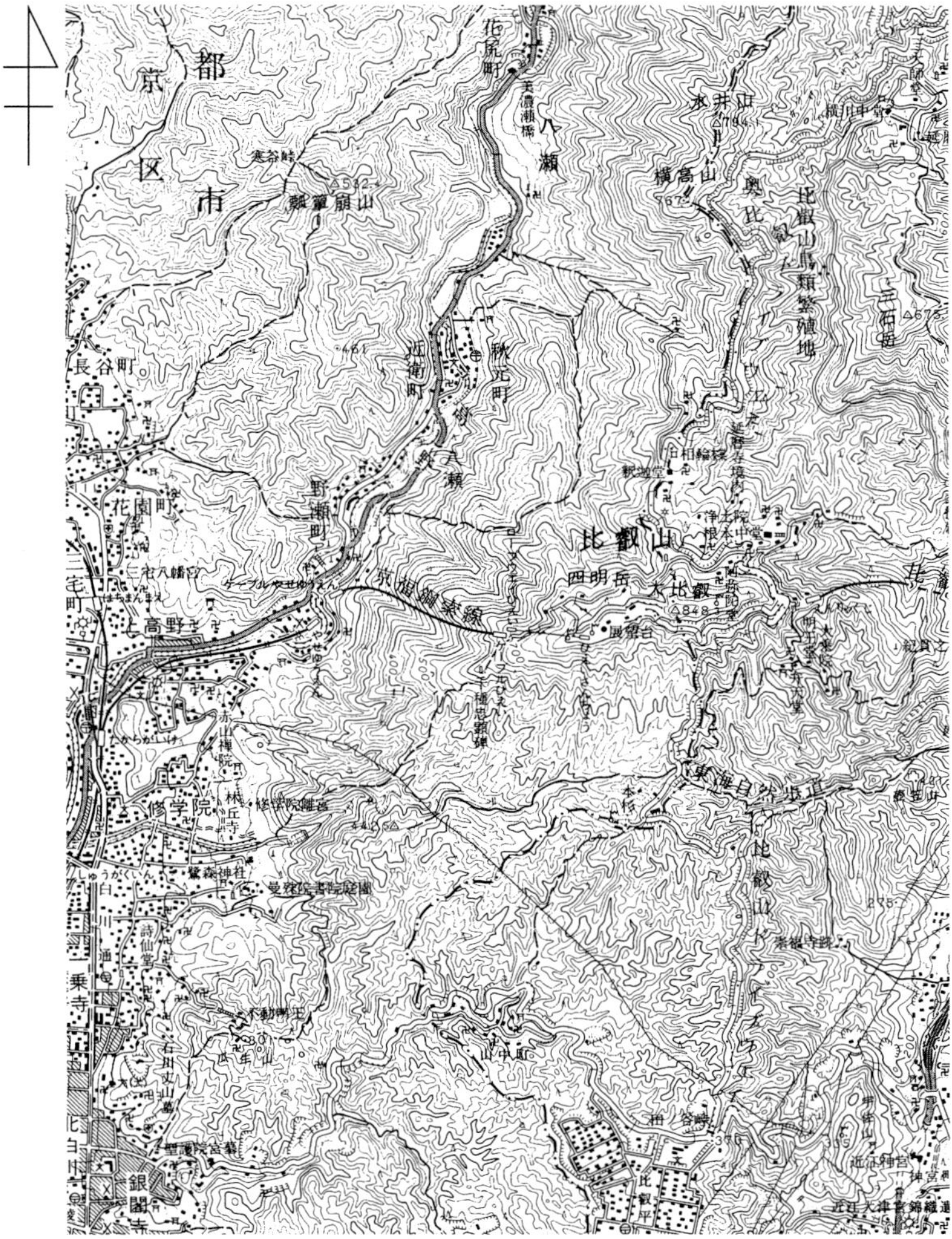

図３　八瀬と比叡山一帯の地形図
（国土交通省国土地理院発行地形図５万分１より転載）

代にまで生き続けていることであった。ではかかる関係や特権・伝統とは、いかなるものであったのだろうか。詳細は順次各章で触れることとするが、前もって全体像について、特徴的なことを述べておくこととしたい。

八瀬童子の村落自治の形成は、すでに平安時代中期には確認される。それはかれらの厳格なる宮座組織からうかがい知られるものであった。当時八瀬は、のちに天台宗三門跡のひとつとなる青蓮院（当時は延暦寺青蓮坊）の所領となっていた。両者間のやりとりから、八瀬童子は山門配下の童子として活躍していたことがわかる。

南北朝時代になると、さらに象徴的なことが起こった。それは後醍醐天皇の比叡山逃避行に、八瀬童子が貢献したことだった。この功績によって、後醍醐天皇から国名《くにな》が授けられた。国名は現在、屋号の一部のように使われているが、今も八瀬童子たちの誇りとして伝えられている。

さらに重要なことがあった。従来より八瀬童子は、領主から雑役免除の待遇を受けていたが、今度は後醍醐天皇から諸役免除の特権を与えられたのだった。この特権は、以後中世において八瀬童子の既得権として存続されることとなった。このことは江戸時代においても継承され、また江戸時代中期からは年貢諸役一切の免除という特区としての扱いを受ける地域となった。この特権はなおも続いた。明治時代以降も実質租税免除の特別待遇の村となって、それはなんと終戦まで続いたのだった。

八瀬童子は後醍醐天皇に対して、特別の思いを持っている。それは八瀬童子の特別待遇の源は、後醍醐天皇の威光と位置づけているからである。ゆえに八瀬には、根強く後醍醐天皇伝説が生き続けている。この思いは、さまざまな歴史的要因と相まって、江戸時代の終わりまで、朝廷に対する特別なまでの献身的態度となって存続した。

そして明治時代以降、八瀬童子と皇室の関係が一層密接となった要因も、かかることが大きな意味をもっていた。八瀬童子の皇居における日常の輿丁《よちょう》（正式には駕輿丁《かよちょう》という）奉仕。さらに大喪や大礼における臨時の輿丁奉仕といった大役は、このような歴史的経緯のなかで形成されたものであった。近代国家形成期のなかにあって、八瀬童子はしっかりと皇室の歴史の一翼を担ってきたのだった。八瀬童子が大喪や大礼にあたって輿丁を務めることは、全国に知れ渡っていた。

終戦を迎え、戦後の新しい世にあって、八瀬童子はようやく一般国民と同様に税金を支払う人々となった。従来の特権はすべてなくなった。しかし皇室との緩やかな関係は保たれていった。行幸啓が京都にある時、送迎に出向いたり、大喪・大礼の時の所役奉仕などを行うのである。八瀬童子には毎年天皇からの下賜金もあり、昔と比べて大きく形態が変化したとはいえ、皇室との関係は絶えることがなかった。

永年にわたる八瀬童子の生活慣習は、現在祭りといった民俗行事の形のなかで知ることができる。村落自治の伝統は、高殿《こうどの》や老衆などと呼ばれる人たちの役職やそれに裏付けられた行動に現われており、そこにはまさしく八瀬の歴史が刻まれているのだった。

八瀬には、八瀬童子といった特別の人々による特別な歩みがあった。それは市中では見られない秘められた歩みだった。

ではいよいよ、このミステリーに満ちあふれた八瀬と八瀬童子について、逐一検証を重ねていくこととしよう。

第二章　八瀬の景観〈集落の構成〉

一　村のかたち

現在の八瀬は、花尻町・近衛町・秋元町・野瀬町の四町から構成されていることは、すでに触れたところである。ところが八瀬の歴史をみる時、以下述べる旧町名が重要な役割をはたしているのだった。この町名はすでに中世から使われており、八瀬村内の地域的集住域を構成したが、現在では俗称町名として運用されている。この町名こそが、実は八瀬の諸行事遂行上の重要な行政単位となっていた。町名を高野川沿いの集落北部から順にみていくと、①長谷出町《はせだしちょう》 ②稲小出町《いなこでちょう》 ③久保町《くぼちょう》 ④南出町《みなみでちょう》 ⑤上田町《うえだちょう》 ⑥宮ノ田町《みやのたちょう》 ⑦甲賀小路町《こがこうじちょう》 ⑧妙見《みょうけん》町《ちょう》の八町である。

現在八瀬童子会の会員数は一三六人（平成十八年七月現在。登録は世帯主が一人と計算される。会員数は毎年出入りがあって多少変わる)。各町の戸数については、大正天皇大礼時の戸数をもとにして現名簿から算出すると以下のようになる。長谷出町四人、稲小出町一七人、久保町一四人、南出町一二人、上田町一八人、宮ノ田町一七人、甲賀小路町一〇人、妙見町六人(なお八町の合計数は、算出方法の条件により現会員数とは一致しない)。

この八町から構成される八瀬童子の人数(戸数)は、中世・近世の頃とほとんど変わっていない。かれらの自治組織は、連綿と同規模の状態を維持しながら現在に至っていることがわかるのである。したがってこの町構成とその町の順列も合わせて、八瀬の自治組織や祭祀組織を研究するうえで、基本的行政区としてとらえねばならないことがわかるのである(この町構成を取り巻く歴史的経緯については、第六章を参照のこと)。

そこでさらに理解を深めるため、現在の住宅地図に旧町名区域を表示したのが図4八瀬旧町名区分図である。ここに記された八町は、北端の長谷出町から南端の妙見町まで、街道(国道三六七号線)沿いにおよそ二・六キロメートルにわたって、細長く延びている。高野川沿いに、東側は比叡山が、西側は瓢箪崩山《ひょうたんくずれやま》が迫っており、このような限られた条件の下にあってわずかな平地や傾斜地に集落は形成された。ゆえに道や川沿いに広がる貴重な土地は、生活上大切な耕地としてや家屋として利用された。しかし、おのずと集落の地域的発展には限界があった。そのために新たな居住地も求められた。北端の長谷出町は、住民が新地を求めて集住した新しい町域だった。

二　八瀬のかまぶろ

八瀬が街道沿いの山間集落であったことはすでに述べてきた。このようななかにあって、八瀬には往古から世間に知られたものがあった。それは「かまぶろ（窯風呂）」だった。八瀬では、壬申の乱（六七二年）の時に大海人皇子が背に流れ矢を受けたため、傷を癒すためにかまぶろに入ったと伝えられている。この時、矢を背に受けたことから八瀬というようになったという。しかし実際のところは、八瀬を貫流する高野川が随所で急瀬を形成しており、今も七瀬《ななせ》・余瀬《よせ》・美濃瀬《みのせ》といった瀬が付く字名が残っている。八という字は数の多さをあらわす意味であることから、八瀬の命名とは、いくつもの瀬が村にみられたことにちなむものであろう。

さてかまぶろは、現在旅館「八瀬かまぶろ温泉ふるさと」（京都市左京区八瀬近衛町二三九）の一角に残されている。所有は社団法人八瀬童子会で、平成十二年四月に京都市有形民俗文化財に登録された。かまぶろとは、かまのなかで青松葉などを焚き、かまのなかが十分

①		長谷出町
②		稲小出町
③		久保町
④		南出町
⑤		上田町
⑥		宮ノ田町
⑦		甲賀小路町
⑧		妙見町

『ゼンリン住宅地図』'97
京都市左京区より転載
（許諾番号：Z06EE第007号）

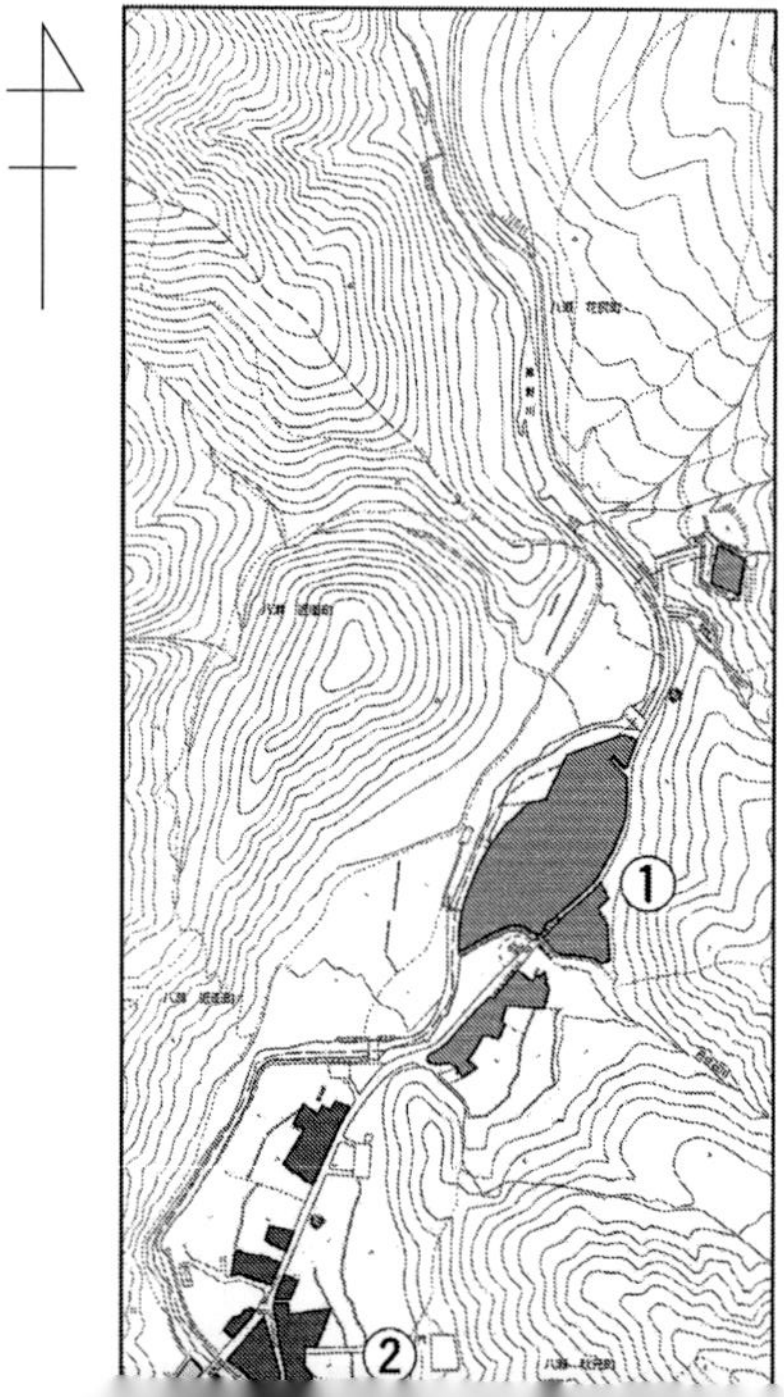

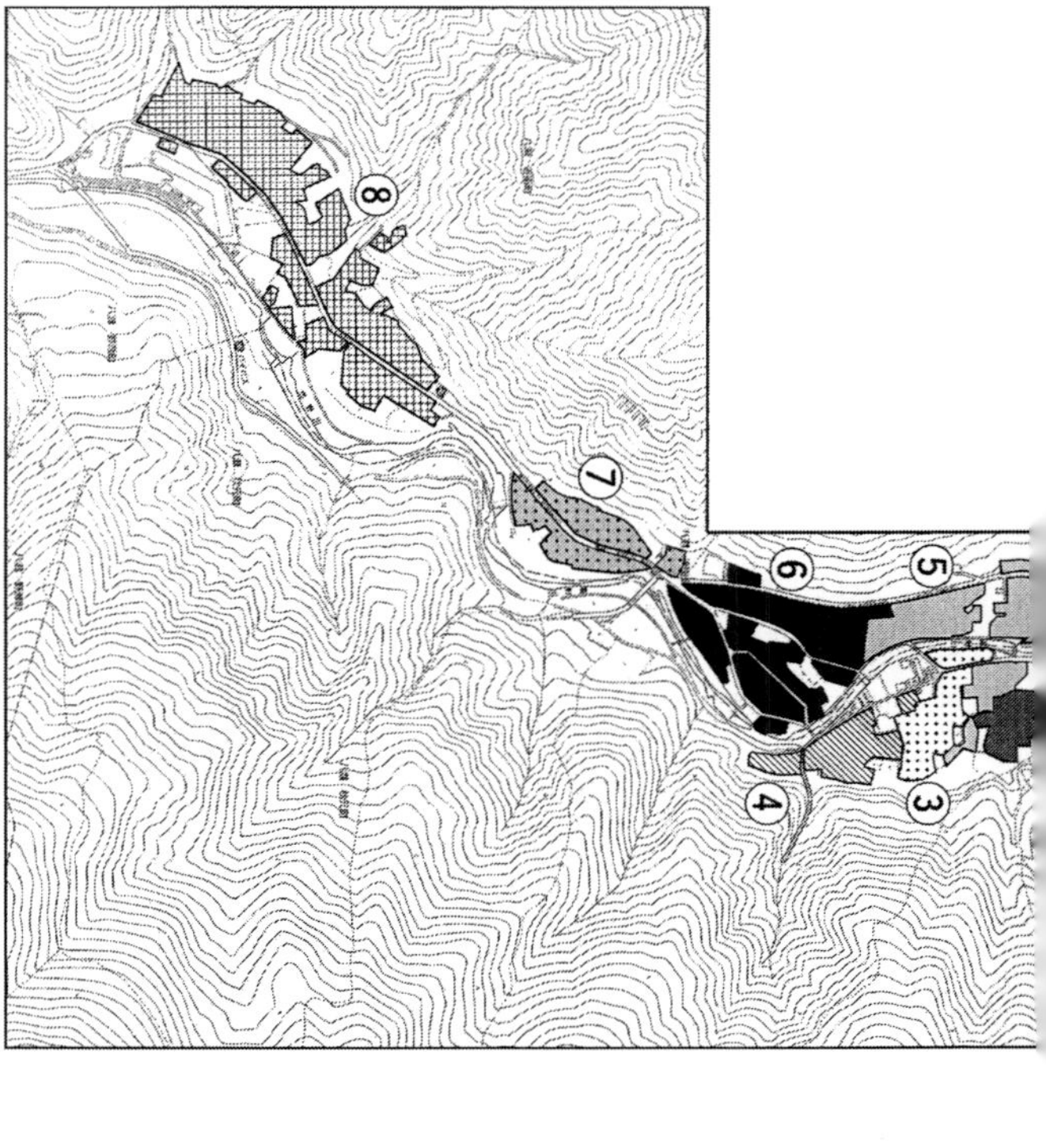

図4　八瀬旧町名区分図

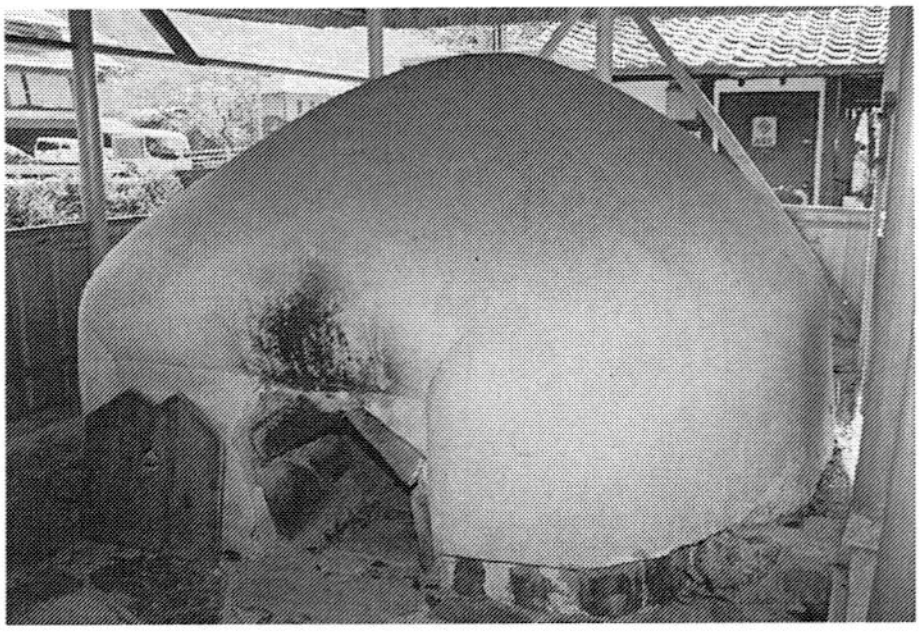

図５　八瀬かまぶろ（京都市有形民俗文化財）

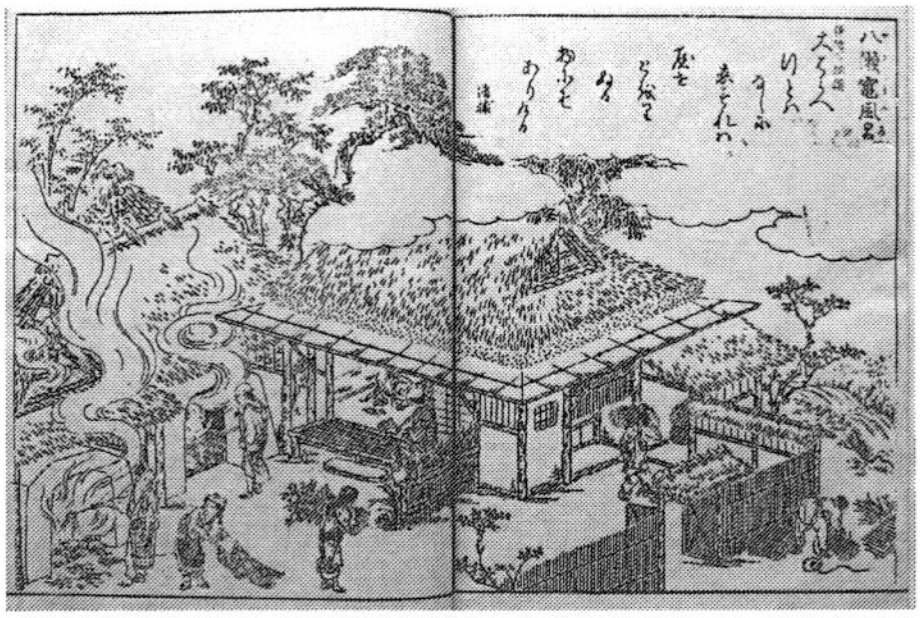

図６　『都名所図会』に記された八瀬かまぶろ

図７　旅館浴場内に復元されたかまぶろ

に熱せられた頃合いをみて火を掻き出し、そこに塩水を撒いて蒸気を発生させる。それから莚を敷き、人がその上に横たわり体を温めるといった形式のふろである。蒸し風呂・サウナ風呂の一種。疵・疝気・胃腸病・神経痛・リュウマチなどの疾患に偉効があるという。現存のかまぶろの構造は、外壁の大半は土壁で作られている。内壁は床面から高さ約一メートルまで自然石による石組みがなされており、床面も石が敷かれている。一カ所駒形の小さな出入り口が設けられており、入浴中は余熱を逃がさないための戸がある。

かまぶろの存在が文献で確認できるのは、近世初頭である。山科言経の日記『言経卿記』文禄四年（一五九五）四月六日条には、「明日朝ニ八瀬里カマヘ養生ノ為ニ罷向」と書かれている。また鴻池家伝来の少庵茶杓「矢瀬」には、少庵の次子山科宗甫の添状があり、「(千)利休、矢瀬ノ釜風呂ヘ湯治仕」と記されている。このことから、すでに八瀬のかまぶろは公家衆や茶人などの文化人をはじめとして、広く知られるようになっていたことがわかる。かれらは療養を目的に、八瀬を湯治場として重宝していたようである。

江戸時代になると、さらにかまぶろは有名となっていたようだ。正徳五年（一七一五）には、八瀬にかまぶろが一六軒あり、洛中のかまぶろ八軒をはるかに上回っていたのである（『京都御役所向大概覚書』洛中洛外湯屋数・風呂屋数并御定書之事）。また安永九年（一七八〇）成立の『都名所図会』では、八瀬にかまぶろが七・八軒あったと記されている。江戸時代、八瀬のかまぶろは京都を代表する湯治場として賑わっていたことがわかる。いつもは山間村落の静かな八瀬ではあるが、人の往来が盛んな街道沿いに発達した村であったことも幸いして、繁盛したかまぶろは八瀬童子にとって貴重な収入源でもあった。

現存のかまぶろの製作時期については、明治二十八年（一八九五）に京都で第四回内国勧業博覧会が開催された時、記念として八瀬に二基のかまぶろが復元されたことがわかっている（『風俗画報』九四号）。したがって今に残るかまぶろは、その時製作されたものではないかと考えられている。なお旅館「八瀬かまぶろ温泉ふるさと」では、観光のためにとかまぶろを浴場内に復元し、サウナ風呂として体験できる趣向が凝らされている。往時の入浴方法とはまったく異なるが、入ってみると雰囲気が味わえて楽しいものである。

第三章　八瀬童子会文書とは何か〈伝来の至宝〉

一　守り伝えられた古文書

八瀬童子会文書とは、京都市左京区八瀬に所在する社団法人八瀬童子会（昭和三年七月認可）が所蔵する古文書のことである。同文書には、八瀬および八瀬童子にかかわるさまざまな情報が記されている。これらの文書群は、長年にわたり八瀬童子たちの手によって厳格に守り伝えられてきた。そして現在は貴重な文化遺産としての認識のもと、筆者の勤務する京都市歴史資料館に寄託されている。

さて八瀬童子会文書は、むかしから外部に対して公開をしていなかった。わずか四年に一度、おおむね九月から十月の間に、京都市立八瀬小学校を会場として曝涼《ばくりょう》を行っており、そのとき八瀬童子たちが伝来の文書を目の当たりにしてきただけだった。京都市では、終戦直

図８　曝涼中の八瀬童子会文書
（京都市立八瀬小学校講堂、昭和59年９月16日）

後に中断していた市史編纂事業を再開していたこともあって、昭和四十三年秋に八瀬童子会文書の調査を京都市史編さん所（京都市歴史資料館の前身）が行った。この時の調査の成果は、京都市編『京都の歴史』全一〇巻（學藝書林）・『史料京都の歴史』八、左京区（平凡社）のなかで紹介された。

ところが同文書については、調査当時でさえも八瀬童子会の厳しい規律により、悉皆調査には至らなかった。かくして年月は流れ、平成五年六月になって再び八瀬の里を訪れる機会に恵まれた。そしてこの時、ようやくすべての文書を閲覧することができた。そこには中世・近世・近代・現代までの、実にすばらしい文書があった。なかでも驚いたことは、中世の延暦寺組織や日吉神人たる酒屋土倉衆にかかわる大量の文書が発見されたことであった。

京都市歴史資料館では八瀬童子会のご理解のもと、これら文書の寄託を受け、調査を開始した。そして重要と思われる史料を翻刻し、京都市歴史資料館発行『八瀬童子会文書　増補』（叢書京都の史料4）において公表した。したがって八瀬童子会文書の内容の詳細については、同書を必ず参照願いたい。なお特に断りのない限り、八瀬および八瀬童子に関する史料は、八瀬童子会文書から引用したことを付記しておく。

二　八瀬童子の組織

何故このようなすばらしい文書が、八瀬に伝来したのだろうか。それには八瀬童子に秘められた歴史が、大きくかかわっていた。八瀬童子会文書は京都市歴史資料館に寄託されるまでは、社団法人八瀬童子会所有の宝庫（収蔵庫）に保管されていた。しかしこの宝庫とは、社団法人八瀬童子会が設立なってから財産を管理保管するため、昭和五年に建設されたものである。

ではそれ以前までは、どのように伝えられてきたのだろうか。本来伝来の文書については、八瀬村自治の中心的役割をはたした組織によって管理されてきたと考えられる。この組織の中核は、一和尚《いちばんじょう》・二和尚《にばんじょう》・三和尚《さんばんじょう》と呼ばれる階層の役職者たちで構成されており、かれらが村落自治の頂点に立っていた。八瀬の自治は和尚と老分衆たちによる合議制となっており、この形態は中世から継承されていた。現在でも八瀬には厳格な生活慣習が残っている。これら民俗儀礼のなかにおいて、さまざまな決定権を有するのは、老分衆の名残をとどめる老衆と呼ばれるオトナたちである。したがって八瀬童子の文書を管理運用したのは、かれらたちだったのである。今も八瀬地域では、個人で大量の文書を所有している者はいない。村落経営は強固な組織体としてのまとまりを持ちながら、維持されてきたからだろう（詳細は第八章を参照）。

八瀬童子会文書には、八瀬童子の組織構成をうかがう史料がある。文化十三年（一八一六）八月付の八瀬村中申渡書と、安政六年（一八五九）十月三日付の八瀬村掟書である。両文書には約半世紀の開きがあるが、共に類似したことが記されている。詳しく記述されている八瀬村掟書の該当箇所を以下引用する。

一、村内其外不寄何事ニ、和尚老分拾八人評議之上、相究候義は、持次拾八人は不及申、若もの頭十人末々子供ニ至迄、無違背相心得、且年寄四人之義、和尚老分拾八人之差図ヲ以相勤候儀、往古より仕来ニ付、諸事万端依怙贔屓なく正路ヲ元ト而相極可申候、若和尚共不取計義有之候ハヽ、老分之内より御役所え可申出候事、

この掟書条文によると、八瀬村では和尚を含めた老分衆一八人が村の評議を行い、次席一

八人・若者頭一〇人やそれ以外の者たち全員が、かれらの指示に従った。なお年寄四人も老分衆の配下に位置した。また村の三役たる和尚たちに不都合が生じた時は、老分衆が役所に報告することとなっていた。この自治構造は、祭礼の形態にも影響を与えていた。したがって村落の自治組織は、村落の祭祀組織とも大きなかかわりを有しながら展開してきた。

八瀬童子が現在でさえも、互いの結束力やあるいは民俗行事が厳格なのは、かかる組織の歩みに裏付けられている。本書が八瀬童子のすがたに迫らんとするには、この村落構造の検証を抜きにはありえないのである。そしてこの検証に最も重要な資料が、伝来した八瀬童子会文書なのである。

三　古文書の性格

八瀬童子会文書は、全部で六三七点を数える。この内訳については、『八瀬童子会文書増補』（叢書京都の史料4）の巻末に記した「八瀬童子会文書総目録」に譲ることとする。したがってここでは、文書の種別や概要について触れておきたい。

八瀬童子会文書は、「I八瀬の村」と「II山門と神人《じにん》」に大別できる。Iは八瀬および八瀬童子にかかわる文書群である。八瀬の地は年貢や諸役免除の特権が付与されていたのだが、これらについては後醍醐天皇以降の綸旨《りんじ》や、江戸時代では歴代の京都所司代下知状が残っており、天皇や幕府から免除の特権が与えられていたことがわかる。当然、室町幕府や織田信長・豊臣秀吉からも同様の内容が認められた文書が残っている。いかに八瀬および八瀬童子に対して、特別のはからいがなされていたかを物語っている。そしてこの特別のはからいこそが、八瀬童子を研究するうえで最も重要な事柄なのであった。

八瀬の村のようすについては、応永二十二年（一四一五）六月二日付八瀬人等申状を最古とし、天文十九年（一五五〇）十月二十六日付納禅院脇為納日記では八瀬童子の交名《きょうみょう》が一覧できるなど、中世村落八瀬の状況をかいまみることができる。寛永七年（一六三〇）からは、隣村高野村との争論を記した文書がまとまりをみせる。なお江戸時代の文書のなかで最も注目されるのは、宝永五年（一七〇八）から同七年までの比叡山延暦寺との争論文書である。山門の結界改めから端を発した争論は、最終的に結界の変更はなされなかったものの、八瀬村は一村あげて禁裏御料となり、従来の私領などは幕府代官支配となって、年貢諸役一切が免除になるといった幕府裁許が示された。八瀬童子は狂喜して、恩人の老中秋元喬知《たかとも》を祀るための神社（秋元神社）を建立した。赦免地踊《しゃめんちおどり》（京都市無形民俗文化財）は、この感謝のあらわれから起こった祭りと伝えられている。

次に注目される文書は、明治時代以降の大喪・大礼関係のものである。八瀬童子はすでに江戸時代において、朝廷への奉仕活動として臨時の駕輿丁《かよちょう》役《やく》や結婚・出産の祝賀に出向いていた。だが天皇の大喪や大礼に際し、駕輿丁として供奉《ぐぶ》するようになったのは明治時代以降であった。八瀬童子会文書には、明治天皇大喪・昭憲皇太后大喪・大正天皇大礼・大正天皇大喪・昭和天皇大礼・昭和天皇大喪・今上天皇大礼・香淳皇后大喪などにかかわる史料が残っている。なかでも昭和天皇大礼までの史料は、八瀬童子が大喪・大礼時に駕輿丁として従事したことを記した貴重な記録である。ちなみに昭和天皇大喪においては、駕輿丁は皇宮警察が担当し、八瀬童子は参列奉仕と霊柩奉仕にとどまった。

明治時代以降の村の生活に関する史料で最も注目されるのは、租税の実質上免除に関するものである。それは江戸時代まで連綿と続いた年貢免除や諸役免除の特権が、明治以降も八瀬童子に限って租税一切が実質免除されるといった特別措置にかかわる史料だった。この特別待遇では、八瀬童子が宮内省に地券の提出、および地券の売買禁止、皇居へ駕輿丁として出仕することが条件だった。したがって大喪・大礼時の駕輿丁奉仕は、宮内省との輿丁契約と一連した奉仕活動だったのである。

最後に、「Ⅱ山門と神人」について触れておきたい。この中世文書群は八瀬童子とはまったくかかわりをもたない内容のものばかりである。ところがある時期において、八瀬童子の手によって伝えられるようになってから、本来村にあった文書群と混在してしまった。文書整理および翻刻の段階で、ⅠとⅡに大別してはいるが、実際のところどちらに分類してよいか迷う文書もある。またこの文書群は、全体的に破損・欠損がひどい。特に冊子の場合は、すでに解体され散在してしまっている。紙背文書の場合は、解読にかなり困難をともなうものが多い。なお本書では八瀬および八瀬童子に焦点を当てているため、かかる分類の文書群については、本章での解説にとどめておきたい。

この文書の内容の大半は、日吉社（現日吉大社・滋賀県大津市坂本）で催された小五月会《こさつきえ》に関するものである。時代は康応元年（一三八九）から永正六年（一五〇九）までの内容のものを含むが、大半は応仁・文明期およびその前後に集中している。小五月会とは、五月三日から五日にわたって催される神事で、弘仁十年（八一九）五月五日、託宣によって始められたとされているが、寛和二年（九八六）に神事として定着したものの、天正年間（一五七三〜一五九二）頃には断絶していたという。祭礼次第については、文化十一年（一八一四）十二月無動寺谷の学僧真超の書写になる「日吉小五月会次第」（叡山文庫）などがある。

小五月会については、当時から大規模な祭礼として位置付けられており、かなりの費用が必要とみえ、このために馬上役《ばじょうやく》というかたちで出銭が命じられた。馬上とは祭礼時に馬に乗り榊を捧げて参拝するさまをさし、その役を馬上役といった。そして右方《うかた》馬上役は大津・坂本の神人に、左方《さかた》馬上役は在京の神人（酒屋土倉・風呂・味噌屋）に対して、多額の出銭が言い渡された。本文書には、洛中にて大半を占める日吉神人たる酒屋土倉衆が、いかに小五月会の維持にかかわっていたかを示す貴重な内容を多く含んでいる。さらに公方御倉《くぼうみくら》・納《のう》

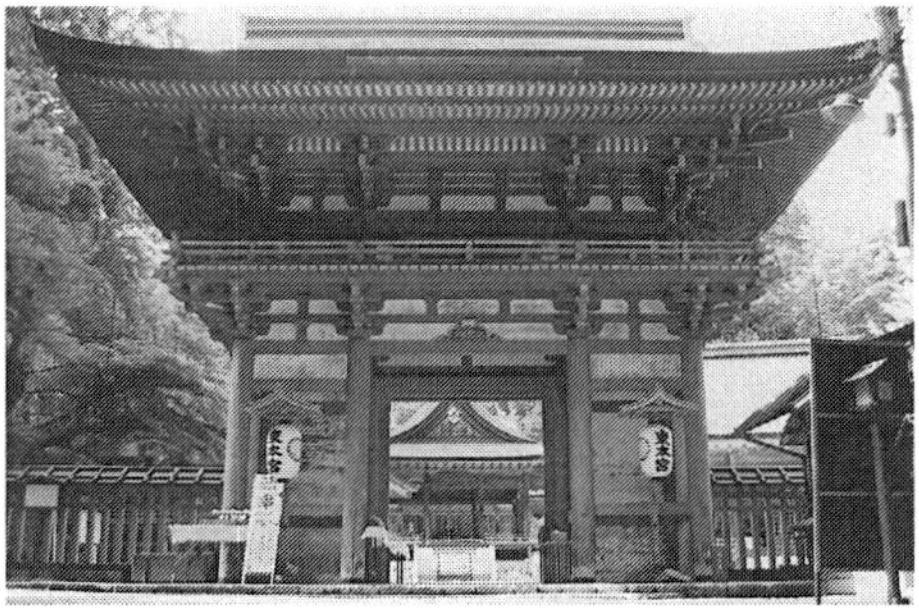

図9　日吉大社（東本宮）

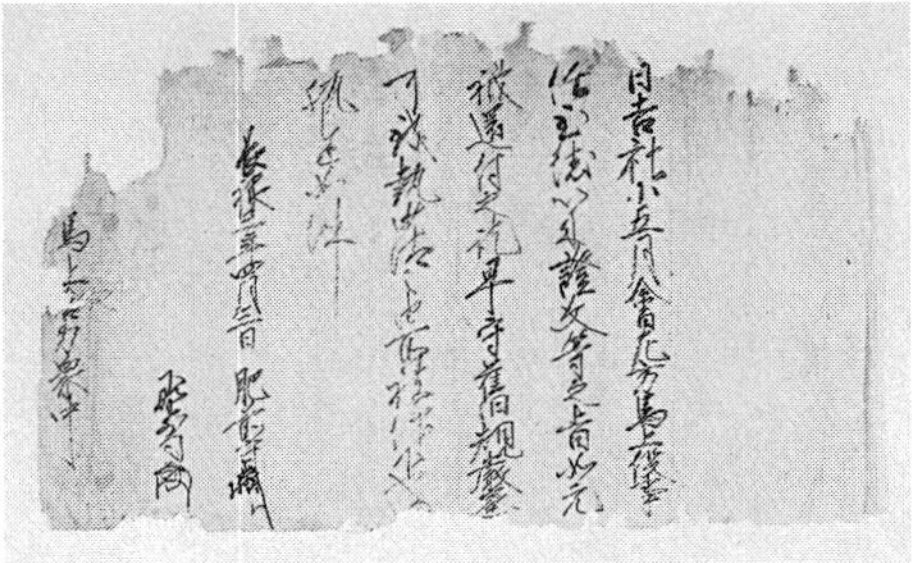

図10　室町幕府奉行人奉書
（小五月会左方馬上役の還付を記したもの。長禄3年（1459）4月3日付）

銭方《せんかた》の正実坊と配下の日吉神人との関係や、多くの酒屋土倉衆の名前や所在地および来歴などを知ることができる。

小五月会は応仁・文明の乱によって一時中断するが、その原因は酒屋土倉衆が役銭を納入しなかったからだ。山門からは矢のような催促が下されている。しかししたたかにも時の動乱にかこつけて、何かと言い逃れする者が多発した。当時においては、祇園馬上役よりも小五月会馬上役の方が多額であり、その合力銭は千余貫文ともいわれていた。本文書群は極めて難解な内容ではあるが、今後の精力的な研究成果が待たれるところである。

四　古文書の保管

伝来の至宝である八瀬童子会文書は、大小さまざまな木箱に納められている。そしてこれら木箱は、さらに大きな長持に格納されていた。その長持とは、近衛家の家紋（牡丹紋）が入った立派な仕立てのものだった。八瀬童子にとって禁裏御料を管理していた近衛家は、従来から結び付きの深い存在だった。さらに宝永の争論以降、八瀬童子は近衛家と一層深い結び付きを持った。それは比叡山延暦寺との争論のなか、幕府裁許にあたって八瀬童子を有利に導いたことに対するご恩からくるものだった。かかる両者のかかわりあいから、八瀬童子に長持が下賜されたのだろう。八瀬童子会文書年未詳の亥六月付近衛家家司《けいし》申渡状には、次のようなことが記されている。

一、御紋附小長持壱棹、右は御代々綸旨并所司代下知状等相納置候筥殊外損シ、此度替申度ニ付、何卒御紋附拝領被仰付下候は、後々迄御殿御厚恩申伝、大切ニ為相守申度由、願之趣心妙ニ相聞へ候、依之御評儀有之、八瀬村之儀は、格別之御由緒往古よりも御隣愍被成下候村方之儀、彼是深御慈愍之上、甚重キ儀ニ候得共、此度願之通御紋附小長持被下置候間、村方一統末々まで此趣為申聞、猶更大切ニ為奉存可申候事、

これによると近衛家の家紋が付いた長持には、八瀬童子伝来の古文書（歴代の綸旨や京都所司代下知状など）が格納されていた。ところが長年の使用から傷みがはなはだしかったとみえ、新たに家紋付き長持の拝領を八瀬童子が願い出て、近衛家より許可されたことがわかる。近衛家にとっても八瀬村は格別の地であって、八瀬童子たちには特別のはからいをしてきたことがうかがえる。

現存の長持は、この時に拝領したものだろう。なお昭和三年には社団法人八瀬童子会が設立され定款がつくられるが、のちにその定款に関する細則が設けられている。このなかに「宝庫管理規定」が書かれているのだが、その規定に長持のことも明記されている。そこで

まず①社団法人八瀬童子会定款を見てから、次に②社団法人八瀬童子会細則のなかの宝庫管理規定を見ておきたい。

①社団法人八瀬童子会定款（昭和三年内務大臣許可、昭和三十三年改正版）

第一章第二条第四項　御綸旨御証文、其ノ他八瀬荘ヨリ伝来ノ古書類一切ノ保存、

②社団法人八瀬童子会細則

宝庫管理規定

第一条　宝庫ハ川原筋第三十一番地上ニ建設ノ平屋建瓦葺土蔵ヲ云ウ、

第二条　宝庫ニハ御綸旨御証文其他八瀬庄ヨリ伝来ノ古書一切ヲ納ムル御宝箱ヲ保管ス、

其ノ宝箱ハ近衛公爵家ヨリ拝領ノ同家定紋付ノ黒塗長持ヲ云ウ、

第三条　宝庫ハ会長之管理ス、

第四条　御宝庫ハ厳重ナル錠ヲ附シ、開閉ノ場合ハ役員半数以上及古例ニ依リ、三和尚・高殿・宮仕立会ノ上、会長封印を為シ、濫ニ開封スベカラザルモノトス、錠ノ鍵ハ年長ノ監事之ヲ保管ス、

第五条　御宝庫ハ毎年一回暑中適当ナル時期ニ、前条役員立会ノ上、曝涼スルモノトス、

社団法人八瀬童子会の定款と細則によると、伝来の古文書は近衛家から拝領なった黒塗長

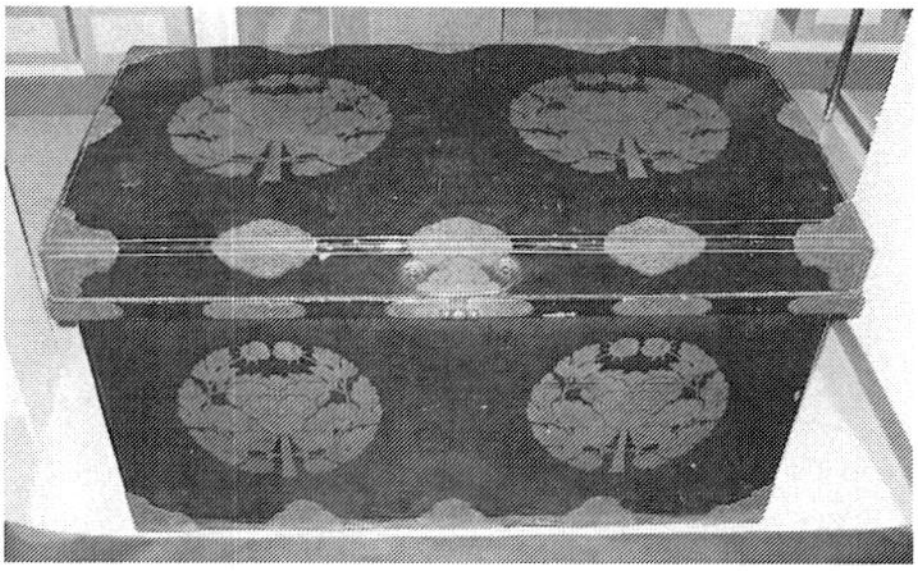

図11　御紋付小長持
（縦62センチ・横109センチ・高63センチ）

図12　八瀬童子会宝庫

持に格納されたうえで、宝庫に管理された。宝庫の維持管理は極めて厳重で、錠には封印が施されていた。したがって江戸時代に近衛家から拝領の長持に格納された古文書が、昭和時代初頭よりさらに厳重な体制のもと、宝庫で管理されてきたことになる。なお曝涼については、定款によると毎年暑中に行われていたようであるが、のちに四年に一度初秋の頃となった。

このように古文書は非常に八瀬童子にとって重要なものとして、守られてきたことがわかる。八瀬童子にとって古文書とは、かれらの長きにわたる栄光と苦難の軌跡そのものだった。この伝来の至宝を、いまからゆっくりと紐解くこととしたい。

第四章　八瀬の宮座〈平安時代の生活〉

一　延暦寺と八瀬童子

平安京を中心とした新しい国造りに励んだ桓武天皇は、王城守護の役割を担った天台宗延暦寺の興隆にも尽力した。天皇と延暦寺の結びつきの始まりだった。この両者間の大きな歴史的動向のなかにあって、延暦寺眼下の山裾でひっそりと居住していた八瀬童子とは、どのような生活をしていたのだろうか。そこで平安時代中頃の史料から、わずかながらも八瀬および八瀬童子のようすを探ってみたいと思う。

八瀬は古代において愛宕郡《おたぎぐん》小野郷に属した（『和名類聚抄』）。寛仁二年（一〇一八）十一月二十五日付太政官符によれば、次のように記されている。「延暦寺領八瀬・横尾両村の田畑等は、代々の国宰、租税を以て禅院の燈分に宛て、住人をして彼の寺の所役を勤めしむといえり」(『類聚符宣抄』)。これによると、八瀬は延暦寺領であったことが知られ、租税や所役を負担していたことがわかる。なかでも八瀬の住人(八瀬童子)が、延暦寺の所役を勤めていたことが明記されている。そもそも童子とは寺院衆徒のもとにおいて、実務労働をする者たちのことをさす。ここに八瀬童子と呼ばれるようになる彼らの位置付けを確認することができる。なお童子とは、一般に寺院内では大童子・中童子・小童子などとも呼称されたが、八瀬童子の場合に限っては、出身居住地が頭に付いて、このように呼ばれるようになった極めて稀な事例と考えられる。ともあれ八瀬童子にとって、頭上に広がる巨大なる比叡山延暦寺に対して、租税と労務の役割をはたすこととなり、また両者の関係は後世においてさまざまな事象を生むこととなるのだった。

二　雑役免除と座役

次に八瀬童子の生活について、大変興味深い史料を記すことにする。これは、寛治六年(一〇九二)九月三日付の八瀬刀禰《とね》乙犬丸解《げ》(青蓮院吉水《しょうれんいんきっすい》蔵菩薩釈義紙背文書)である。

八瀬刀禰乙犬丸解　申㆓請青蓮房僧都御房政所裁㆒事

請㆑被㆘殊蒙㆓慈恩㆒、任㆓本免除道理㆒、事子細令㆑申㆓大僧正御室㆒給、早令㆖㆑免㆓除俄杣

夫役充責凌一、不安愁状、

右、乙犬丸謹検二案内一、年来之間、為二彼里刀禰職一、尤偏所レ被レ免二除雑役一也、然今年始俄充二負杣伐夫役一、所レ被二責凌轢一、甚以非例尤深、只寺家下部等上下之間、供給等勤二仕之一、於二此杣条一者、為レ愁不レ知レ之、又子童太郎丸、為二彼里交衆一、勤二仕座役一、主二酒肴一事六度也、然奏重行无二指座役酒肴之勤一、常論二企座一条、甚无二其謂一、如レ此所ハ、以二座役功労一、所レ号二座土〔士カ〕一也、望慈恩任二道理一、子細令レ申二徹大僧正御室一給、且被レ免二除件杣役一、且又被レ停二止件重行非道座論一、如二本道理一、被レ令二著座一者、将仰二正道之貴一、弥レ知二御威之強一、□〔勤カ〕二事子細一、謹解、

寛治六年九月三日　　刀禰乙犬丸

刀禰とは村おさを意味し、乙犬丸はその名前、解は上申文書のことである。すなわち八瀬童子の最高責任者たる乙犬丸が、領主の青蓮房に対して提出した訴状である。ではどのような内容だったのだろうか。

青蓮房とは、現在の天台宗三門跡の一つ青蓮院（京都市東山区粟田口三条坊町）のことである。青蓮院は、比叡山上にあった天台三千坊の一つとして始まった。当初は東塔南谷にあって、青蓮坊と号した。当文書の頃は青蓮坊の時代であり、八瀬は延暦寺青蓮坊の管理下

図13　現在の青蓮院（京都市東山区）

になっていたことがわかる。

さて八瀬の刀禰乙犬丸の訴えは、二つあった。一つめは杣《そま》役についてである。八瀬はこれまで雑役が免除されていた。にもかかわらず、今年になっていきなり杣伐夫役を課せられたことに異議を唱え、杣役の免除を乞うたのである。なお青蓮坊の下部などが八瀬を往来する時は、さまざまな要求に応じていることも書き添えられている。以上のことより、八瀬には材木伐採の人夫役が課されんとしたわけだが、それ以上に注目すべきは、当地がすでに雑役免除の特権を与えられていたことである。この事実は以前より延暦寺の童子として勤めてきたことや、青蓮坊僧侶たちの往来を手助けしたことに対する待遇だったのだろう。

二つめは座役についてである。刀禰乙犬丸の子息太郎丸は、八瀬の交衆として座役を務めており、酒肴の役を六度もこなしていた。ところが秦重行なる者は、さして座役の酒肴役を務めず、いつも座論を企てていた。この座においては、座役の功労によって座を務める者は座士と呼ばれていた。刀禰乙犬丸は、この秦重行の非道なる座論をやめさせて欲しいと乞うている。

この訴状は、平安時代における八瀬や八瀬童子の状況を非常に興味深く記している。まず八瀬童子は比叡山延暦寺から特別に雑役を免除されていたことである。また青蓮坊を始めとする延暦寺僧侶たちの往来にも貢献してきたことである。これには、道案内や警護などの対応も含まれていただろう。八瀬童子の居住区域である八瀬村は、比叡山延暦寺三塔（東塔《とうとう》・

図14　比叡山延暦寺三塔を代表するお堂
上：根本中堂（東塔）
中：釈迦堂（西塔）
下：横川中堂（横川）

図15　大注連縄が吊られた八瀬の鎮守社である天満宮社（八瀬秋元町）

西塔《さいとう》・横川《よかわ》）のいずこへも道がつながっており、しかも都から近いこともあって、連絡に大変優れていた。おのずと僧侶たちの往還に重宝されたことが想像されよう。比叡山延暦寺にとって、眼下の八瀬村とは最も身近で頼りになる村だったのだ。

　次に座役のことが注目される。これは宮座をあらわすものであり、当時の産土神を祀る鎮守社（現在の天満宮社）を中心とした祭祀形態の存在を確認することができる。座士や交衆たちによって形成された宮座は、古代村落八瀬にとって重要な秩序だったはずである。これが秦重行なる者によって乱されていたことが知られる。村の組織では統制できなかったほど、たちの悪い人物だったのだろうか。古代八瀬村の祭祀組織の詳細についてまでは言及できないが、後世確認できる八瀬の祭祀組織（第十七・十八章を参照）と何らかの関連性を持っていたに違いない。

三　八瀬童子のみほとけ

八瀬には仏像が伝来している。念仏堂（平成四年に取り壊される）には一〇躯の仏像が安置され、八瀬童子の手によって守り伝えられてきた。このうち木造十一面観音立像（重要文化財・平安時代中期）、木造天部形立像（京都市指定文化財・平安時代後期）、木造毘沙門立像（京都市指定文化財・鎌倉時代初期）、木造薬師如来立像（京都市登録文化財・鎌倉時代初期）は著名である。なおこの四躯の仏像に限っては、現在京都国立博物館に寄託されており、他は八瀬童子の檀那寺である妙伝寺に移された（八瀬童子の念仏堂や檀那寺たる妙伝寺については、第十六章を参照のこと）。

図16　木造十一面観音立像
（重要文化財・八瀬文化財保存会蔵）

ここで興味深いことは、平安時代以降制作になるこれらの仏像の由来である。八瀬に伝わったとはいえ、本来八瀬に安置され得る性格のものではなく、おそらく比叡山延暦寺にあった仏像が移されたものと推測されるのである。明らかに村に残る仏像ではなく、延暦寺の法難のたびに八瀬へ避難を余儀なくされた仏像だと考えられる。延暦寺の各堂塔に安置されていた多くの仏像のうち、運搬が可能で運良く難を逃れることのできたものばかりであろう。避難先が坊舎の並ぶ近江の坂本では同様に法難に遭う。その点八瀬の村は各堂塔からしても最適の位置にあり、またかれらが延暦寺の童子であったことも大きな要因だったのだろう。かくして八瀬に仏像が伝来し、村の仏堂たる念仏堂にて、長きにわたって八瀬童子に見守られてきたのだった。

第五章　後醍醐天皇と八瀬童子〈伝説と史実の共存〉

一　八瀬の天皇伝説

八瀬にはおもしろい伝説がある。それは八瀬の濫觴にかかわるものであり、史料はすべて江戸時代や明治時代に記されたものである。そこで冒頭ながら、まず顕著なものを以下に抜き書きして、その伝説の内容からみていきたい。

①昔源平両家之戦悪逆之武士、禁中へろうせきを申、責入らんとする時、うしとらの方ノ御番ニ、八瀬童子一人も不残参上之由申伝候、依之御弓をゆるされ申候、後醍醐天皇山門へ臨幸、童子弓矢を持御供いたし、御道すからかため申手柄いたし候、度々山門皇居の内ハ、武士当村へ入乱候得共、北ノ口南ノ口をかため入レ不申候由申伝候、

（『八瀬記』正徳六年編）

②当村之儀ハ、白鳳年間村名矢背ノ里ト称シ、其後源平両家ノ戦悪逆ノ武士、禁中ヘ狼藉ヲ申責入ラントスルトキ、丑寅ノ御番ニハ八瀬童子一人モ不残参上仕、猶又建武年度比叡山ヘ恐多クモ御臨幸被為在候節、八瀬童子弓矢ヲ持御供仕御道スカラ固メ申、度々山門御皇居ノ内ハ当村ヘ武士入乱候得共、北ノ口南ノ口ヲ固メ入レ不申、其他所々御臨幸ノ節ハ、神輿ニ付御供仕候義ニテ、建武三年正月廿四日後醍醐天皇様ヨリ連綿御綸旨頂戴仕、

（明治十六年十一月十五日付宮内卿徳大寺実則宛八瀬童子願書、『後要用記録大帳』所収）

③御所谷山　此山ハ悪逆ノ武士禁中ニ狼責シタルトキ、後醍醐帝其他女官ニ至ル迄、難ヲ避ケ玉ヒシ平但ノ山ニシテ、明治八年迄ハ其行在所タル（山王社殿其他）、好尚ナル建物等モアリシ山ニシテ南ヲ眺ムレバ、本村ニ悪逆入レバ、直ニ之ヲ一覧認ムル所ナリ、今ニ至ルモ此山ヲ指シテ隠谷トモ云フ、

（『八瀬村誌』明治三十六年八月調）

④神子ケ渕（同上ニ春日岩アリ、一名祭リ岩トモ云フ）此渕ハ道路ノ下ニアリ、山腹ヲ負ヒ、建武年間恐多クモ後醍醐天皇延暦寺ヘ御臨奉ヒ為在候節、御道筋固メ申候為メ、山上ニ大石ヲ集メ、財軍来ラバ此石ヲ上ヨリ放チ、通道ニ落入ラシメント策ヲ設ケ、八瀬童子等神ニ祈リタリ、依テ此称アリ、

（『八瀬村誌』明治三十六年八月調）

⑤一、当村風俗まるわけ髪長き儀は、右は後醍醐天皇山川臨行之節、字御所谷ト申処ニ御入被為遊、八瀬之者共御召、童子拾参人国名御免、御道すから弓矢ヲ持御供仕、下ケ髪ニ可仕旨被仰御許を受、夫よりまるわげ仕〔カ〕来り候、御直ニ御輪〔ママ〕旨頂戴仕、御即位之時節御所まで御供仕、其後は丑寅之方之御番相勤申候由、拾挺之御弓をゆるされ申候由、年寄共聞伝申候由ニ御座候、

（寛保三年六月付八瀬村明細帳、『後要用記録大帳』所収）

図17　後醍醐天皇像（清浄光寺蔵）

①～⑤の史料には、源平合戦時から南北朝動乱期にかけて、八瀬童子の動向が記されている。なかでも注目される記述は、八瀬童子の後醍醐天皇への供奉《ぐぶ》および綸旨《りんじ》の拝受にかかわる箇所である。実はこの五点の史料、まったく荒唐無稽なことを書いたものではない。八瀬童子会文書には、建武三年（一三三六）正月二十四日付後醍醐天皇綸旨案が残されており、明応元年（一四九二）九月三日付後土御門天皇綸旨をはじめ、慶長八年（一六〇三）十二月七日付後陽成天皇綸旨以降は、慶

応四年（一八六八）三月二十日付明治天皇綸旨に至るまで（明正天皇綸旨のみ欠ける）連綿と残されている。しかもこの綸旨の内容は、年貢や諸役免除といった八瀬童子に与えられた特権にかかわるものだった。

八瀬童子は従来から比叡山延暦寺と深いつながりを有する一方、延暦寺と関係が非常に深い天皇家とも接点をもつようになっていったことは確かなことだった。その歴史的起点が後醍醐天皇に設定されていた。もっとも記された由緒の真偽はともかく、後醍醐天皇伝説こそが後世八瀬童子の社会的地位の位置づけに重要な事柄となったのである（第九章参照）。

二　後醍醐天皇の綸旨

後醍醐天皇（一二八八～一三三九、一三一八～一三三九在位）は、後宇多天皇の第二皇子。正中の変（一三二四年）・元弘の乱（一三三一年）両度にわたって討幕を試みたが失敗。隠岐配流となったが脱出に成功し、鎌倉幕府滅亡にともない政権に就いて、建武新政を行った。しかし足利尊氏ら武家勢力との不和から、新政は当初から不安定なものとなった。そして尊氏方との合戦の末、ついに南北朝時代の幕開けへと続くのだった。この両勢力の衝突のなかで、後醍醐天皇は建武三年正月から六月の間に二度も比叡山延暦寺へ逃避せざるを得なくなっている。

八瀬童子会文書に残る、建武三年正月二十四日付後醍醐天皇綸旨案は、後醍醐天皇の正月十日における比叡山への敗走の史実と一致させるならば、その直後に発給された綸旨であったこととなる。綸旨とは、蔵人が天皇の意を奉じて出す奉書形式の公文書のことである。特に南北朝時代には多くの綸旨が発給され、重要な役割をはたした。なかでも天皇の絶対的権威を表現するために、土地の領有に関することはすべて綸旨によって決定された。綸旨至上主義の到来だった。綸旨に使用された料紙《りょうし》は、主に薄墨色の宿紙《しゅくし》が用いられたが、略式では白紙も使われた。八瀬童子会文書には、この綸旨が後醍醐天皇から明治天皇まで残っているのである（綸旨については第七章を参照）。

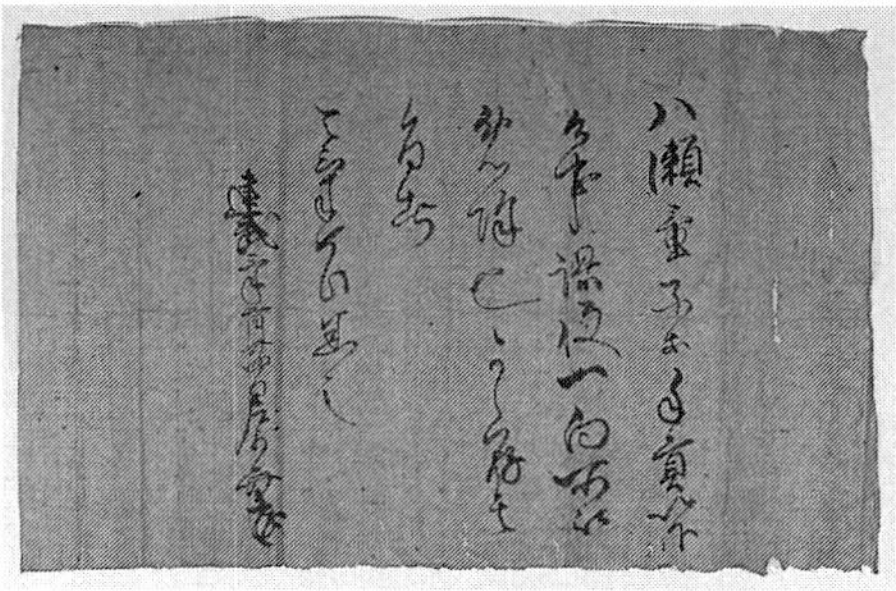
図18　後醍醐天皇綸旨案

八瀬童子会文書に残る後醍醐天皇綸旨は案文《あんもん》であるが、おそらく正文《しょうもん》が存在したと推測される。天皇綸旨をめぐっては、次のように考えられるのである。八瀬は中世では八瀬荘と呼ばれ、青蓮院が支配する天台宗門跡領であった。八瀬童子会文書中、八瀬童子に宛てられた後醍醐天皇以下の綸旨は宛名を欠いている。八瀬童子宛の綸旨は、天皇から八瀬童子に直接下されたのではなく、青蓮院門跡経由で伝達されたことを物語っている。建武三年正月十三日には、八瀬荘住人宛の後醍醐天皇綸旨下達に関する施行状《しぎょうじょう》案等が残っているからである。

八瀬童子会文書中の綸旨で、後醍醐天皇綸旨案の次は、後土御門天皇綸旨まで約一世紀半の空白期間がある。しかし後醍醐天皇が綸旨を八瀬童子に与えたこと。これが大きな契機となって、以後八瀬童子と山門・朝廷とのかかわり合いが、史料上鮮明になっていくのであった。

三　後醍醐天皇への思い

八瀬童子が後醍醐天皇に貢献したのは、比叡山延暦寺とのかかわりからであった。すでに平安時代から雑役を免除され、童子として延暦寺僧侶たちの登山往来に貢献してきたことは、第四章で触れたとおりである。八瀬童子が身分の高い僧侶の登山に扈従《こしょう》したことは、鎌倉時代でも確認される。一度の扈従に、約一〇〜二〇人の八瀬童子がかかわっていたことが知られるのである（『華頂要略』門主伝　寛元三年一月十八日条・弘安七年十一月十九日条）。したがって八瀬童子が、天皇家と交わりの深い延暦寺に後醍醐天皇が逃避した折り扈従したことは、自然ななりゆきだった。後醍醐天皇側にとって政情不安な激動のさなか、八瀬童子は的確な行動をもって案内および接待や警護の役割をはたしたことであったのだろう。

かくして建武三年正月二十四日、八瀬童子に対して後醍醐天皇綸旨が出された。内容は、八瀬童子の「年貢以下公事課役」の免除を認めるものだった。もっとも昔から特別免除を受けていたこともあったわけだが、改めて年貢・公事課役の免除が明確に認められたことと

図19　御所谷参拝（京都御所を遙拝する高殿）

図20　御所谷碑

なった。さらに綸旨という絶対的権威に満ちた公文書で特権が確保されたことは、八瀬童子にとって大変重要なことだった。この後醍醐天皇綸旨こそが、後世八瀬童子の存在意義を大きく位置づけるものとなった。

現在、八瀬童子の年中行事のなかに「御所谷参拝《ごしょだに》」がある。毎年九月十六日に行われる神事である（神事については第十七章を参照）。後醍醐天皇の命日（旧暦八月十六日）に、神事を担う高殿《こうどの》らが御所谷に出向き、祭壇に注連縄を張り燈明をあげる儀式である。御所谷山の山中には祭壇が設けてあり、参拝は京都御所を遙拝するかたちとなっている。この一日に限り、八瀬童子たちはおのおの参拝のため御所谷山に登る。また祭壇後方には、明治二十六年（一八九三）八月建立の立派な御所谷碑がそびえている。後醍醐天皇に貢献した事跡を石に刻み、顕彰するために建てられたものである。神事といい石碑といい、八瀬童子にとって後醍醐天皇を思う気持ちは、今もかたちを変えて生き続けている。

第六章　童子と国名〈名誉の称号〉

一　後醍醐天皇からの授かりもの

八瀬の後醍醐天皇伝説をさらに象徴するものがある。それは国名《くにな》の存在である。国名とは八瀬童子が後醍醐天皇の比叡山延暦寺への避難道中に貢献したことに対して、天皇から与えられた称号だといわれている。その国名とは、河内・和泉・丹後・但馬・讃岐・近江・若狭・越前・伊予・出雲・播磨・備前・武蔵の一三カ国分で、この国名を八瀬童子は名乗ることを許されたのである。ただし前章で触れた後醍醐天皇綸旨では、かかる国名授与の記述については一切記されていない。下って江戸時代の史料（『後要用記録大帳』）には、このことについてわずかながら説明されている。

就御尋口上書

一、当村役之者、国名相名乗候訳、御尋ニ御座候、此義私共村方ニ而相名乗候者、往古より住居候者共ニ而、則後醍醐天皇様より御綸旨幷十三国之国名、拝領仕候ニ付、

河内　和泉　丹後　但馬

讃岐　近江　若狭　越前

伊予　出雲　播磨　備前

武蔵

右之通相名乗来り候義ニ而、先年宝暦九年卯三月、御所司代井上河内守（正経）様御在役中、私共国名相名乗候訳、当従御役所様（ママ）より御尋ニ而、左之通御答奉申上候写奉入御高覧、此段奉申上候、

乍恐口上書

一、御所司（井上政経）様御名ニ差支候ニ付、河内と申候名前遠慮仕、可然段被仰渡承知仕候、乍併当村之義ハ、格別由緒御座候付、往古より爾今至迄、国名改替候義、無御座候事は、乍恐後醍醐天皇様より御直々御綸旨幷十三国之国名頂戴仕候由ニ而、代々申伝、爾今不相変御代々御綸旨幷御証文頂戴仕候訳ニ御座候得は、一国ニ而も増減仕候義、難成奉存候間御差合候、御所司様御巡見其外御目通罷出候節も差控候様可仕候、右之趣乍恐御聞済、

是迄之様ニ被成、忝被為下候様、御用捨奉願上候、以上、

宝暦九年

卯三月十四日

八瀬村

一和尚播磨　印

二和尚河内　印

三和尚丹波　印

御奉行様

右之趣奉申上候処、御聞済ニ相成候、此度就御尋奉申上候、以上、

天保十四年

卯十一月晦日

城州愛宕郡

八瀬村

一和尚河内

二和尚松伊予

三和尚法師伊予

御奉行様

この文書は、宝暦九年（一七五九）と天保十四年（一八四三）に、幕府からの国名使用についての問い合わせに答えた時のものである。これによると、一三カ国の国名は後醍醐天皇綸旨とともに拝領したと記している。ただし宝暦九年時の京都所司代井上正経は河内守だったので、河内の使用を自粛する旨が書かれている。差出人の八瀬村二和尚《にばんじょう》が河内であったことも皮肉である。なおこの差出人の八瀬童子の名前を見れば、実用されている国名の状況を把握することができよう。このうち、一和尚・二和尚・三和尚とは、八瀬村の責任者上位三名の役職名である。

この国名は当初から一三カ国に限定されており、後世も変わることはなかった。国名とはそもそも国司や守護に与えられた役職としての名前ではなく、あくまでも呼び名として使われたものであった。一般には女官の中級から下級、あるいは僧侶の呼び名につけられた。しかし八瀬童子は村人であり、本来呼び名を使える立場ではない。これはおそらく後醍醐天皇の比叡山逃避行の論功行賞に結びつけて考えるならば、山門配下たる童子の忠誠に対する破格の処遇だったと位置づけられる。貴族や武士に官位・役職を与えたように。

ともあれこの待遇は、八瀬童子にとって天皇家に対する特別な思いと関与への始まりでもあった。以来、八瀬童子はこの国名を大切に伝えてきた。国名はまさしく八瀬童子の系譜を今に伝える重要なキーワードとなっている。

二　八瀬童子の系譜

次に八瀬童子の国名の運用についてみておきたい。国名は一三カ国分が付与されたことについては、すでに述べたところである。この一三カ国が、当初村内でどのような配分になっていたか詳細は定かでないが、年月を重ねていくなかで分家が増加したため、ある方法がとられたようである。それは便法として国名の前段に人名を付けることによって、名乗りの総数を増加させるといった手法だった。「法師伊予の法師・阿坊伊予の阿坊・松伊予の小坊」「谷端河内のまい・小坊河内の小保・駒河内の岩間」「西出雲の千太・六郎出雲の入道・石出雲のまま」というように名乗った。したがって同じ国名を名乗る者同士は、一族と判断することができる。

かかる名乗りについて確認できる最古の史料は、天文十九年（一五五〇）十月二十六日付納禅院脇為納日記である。これは八瀬童子の比叡山延暦寺への納銭帳である。帳面最後には、筆者として東塔無動寺谷玉泉房洗心の花押が記されている。なおこの帳面には、冒頭より八瀬童子の名前がずらりと書かれており、それぞれに国名を見ることができるのである（図21

参照）。さらに江戸時代における国名の一覧史料としては、正徳六年（一七一六）編纂になる『八瀬記』巻末に記された八瀬童子交名（図22参照）があげられる。ちなみに『八瀬記』とは八瀬の史料集として編集された貴重な記録書である（第十章を参照）。この『八瀬記』巻末に国名を用いて署名している八瀬童子は、八五名を数える。この実数は、おおむね世帯主数としてとらえればよいだろう。またかかる人数は、天文十九年の納禅院脇為納日記に記された

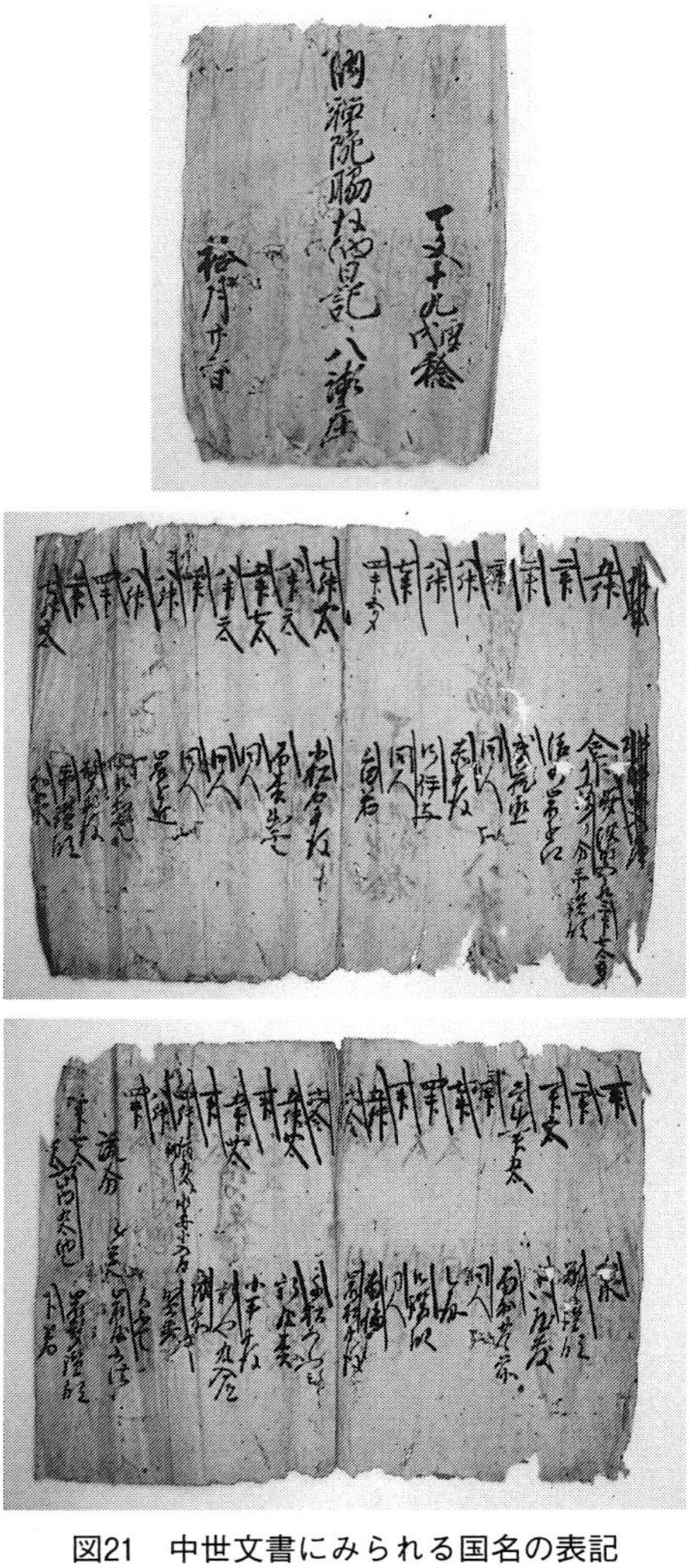

図21　中世文書にみられる国名の表記
（天文19年10月26日付納禅院脇為納日記）

八瀬童子の人数とも大差ない。参考までに寛保三年（一七四三）の八瀬村戸数は、一一一戸〈男二九九人・女二六五人〉である（山城国愛宕《おたぎ》郡《ぐん》八瀬村明細帳、『後要用記録大帳』に所収）。

以上のことからわかることは、八瀬では中世以来およそ八〇～九〇名の八瀬童子が村の自治に携わっており、村の総人口は五〇〇人程度のものだったことが知られる。ちなみに現在では、八瀬童子会員数は一三六世帯を数える（平成十八年の集計。なお平成十八年の八瀬地

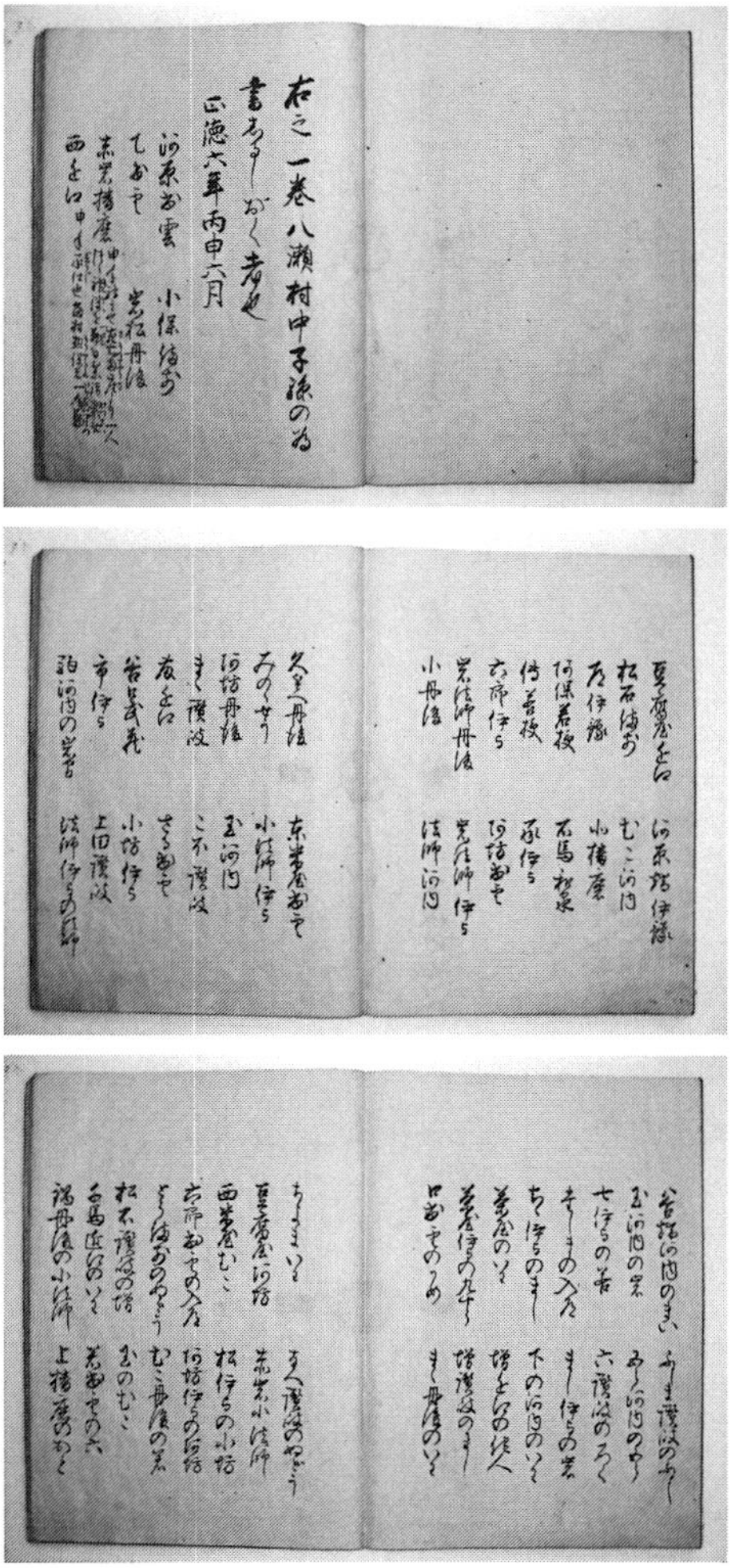

図22　近世文書にみられる国名の表記
（正徳６年６月編の『八瀬記』）

区の総世帯数六九〇、人口一七三九。市街化の状況がうかがえる)。

さて国名は、八瀬童子の系譜を把握するうえで重要課題である。現在も国名は伝えられている。そこで最後になったが、次にあらわした「表1　町別屋号国名対照表」において、現在の各町在住の八瀬童子に伝わる国名を各家ごとに列記し、八瀬童子の系譜についてみてみたい。この表では、各町(旧村)別に、現在の家(姓)、現在の屋号(俗称)、正徳六年段階の国名、備考の順に配列した。なお各町内において、国名が記入されていない家は、現段階の聞き取り調査で確認できなかったためである。後半の不明分については、確認がとれなかった箇所であるが、とりあえず列記した。

まずこのなかで屋号については、国名との関連をうかがわせるものもあるが、基本的には本家から分家が派生していくなかで、お互いが呼び合うための「呼び名」として定着していったものであろう。国名とは扱いが異なり、したがって古文書のなかで表記されることはない。国名についてわかったことは、やはり各町(旧村)ごとに同族の集住が確認できることである。八瀬童子は同族集合を基軸として、各町(村)を構成していたと考えられる。なかでも河内・讃岐・伊予・近江・出雲の国名を名乗る者たちが、それぞれの町(村)でまとまりをもって住んでいたことが知られる。不明分がすべて確認できれば、さらに正確な復元が可能となろう。現在も彼ら親族の結束が強いのは、かかる歴史の積み重ねのあらわれであろう。

表1　町別屋号国名対照表

①長谷出町

家	屋　号	国名（正徳六年）	備　考
村上	しょうべ	道伊予	大正期に他出
米谷	まつしや		大正期に他出、造り酒屋
長谷川	はんべ		大正期に絶家
長谷川	さんぺ		「はんべ」の分家
橋本	ちよもん		
窪田	じんべ		

②稲小出町

勝山	こめやいんきょ	西出雲の千太	
米沢	こめや	東米屋出雲	
谷端	まい	谷端河内のまい	
玉川	ふるけ	玉河内の岩	
保司	ぼっしょう	法師伊予の法師	

藤本	ふじ	藤近江	
千代間	ないく	茶屋のいわ	
速水	ごろ	五郎河内の五郎	
益位	こんこ	下の河内いわ	昭和期に絶家
山本	あぼいよみせ	阿坊伊予の阿坊	
西池	せんがく	岩法師丹後	明治期に絶家
友膳	ゆうぜん	ゆふせん丹後	
山岸	しろべ		
北岸	おさだいんきょ		
谷北	かね		保司の分家(天保期)
豊田	こんこ		益位の分家
岩松	へった		
茶屋	しよもん		
谷脇	しか		昭和期に他出

③久保町

谷口	むさし	谷口武蔵	
千代間	やいと	ちよまいわ	
奥崎	やぶれ	六郎出雲の入道	
奥田	だい	六讃岐のろく	
松井	まつちよ	松伊予の小坊	

川勝	やた	増讃岐のまし	平成12年他出
正木	やっこ	なへ讃岐のぬどう	
岩松	うぼい	岩松丹後	
上林	はん		
南	あぼいよ		
辻	きつちよ		
北口	かんと		
玉西	ふるけんきよ		
川端	いよもん		

④南出町

川本	からばた	河原端伊予	
赤井	あかい	赤岩播磨	
山本	ろく	六郎伊予	
鈴木	びぜん	小保備前	
岩星	さく	岩法師伊予	昭和期に絶家
竹林	ちく	小法師伊予	
福岡	さい	さる出雲	
松石	(いつさぬき いつたんきよ)	松石讃岐の増	昭和期に絶家
植	べそ	上播磨のおと	昭和期に絶家

高木	ぶし	とう備前のぬとう	
三好	ぜに		
岩間	おそ		
玉置	ぎょく		

⑤上田町

東	むし	東近江の入道	
岡田	おか	さる丹後のさる	昭和期に他出
泰川	ごま	少出雲のいわ	大正期に他出
乾	かよもん	毛和泉の入道	
石川	がい	石出雲のまま	
西田	づんぼし	西近江	
石原	きゅうべ	久兵へ丹後	
宮城	せんや	上田讃岐	
安本	わか	阿坊出雲	
林	たんこ	北播磨	
上田	たけま	竹馬阿坊	
千馬	かたく	千馬近江のいわ	
	かんぼし	石千代近江の入道	絶家

⑥宮ノ田町

勝見	さくわん	作庵の阿坊	
増田	しょうだ	増越前のまし	
前川	がんそ	尺丹後の岩間	
森田	さぶろ	阿坊越前の入道	
芳賀	はり	南播磨の若	
清海	だら	河原出雲	
岸本	おちゃや	乙出雲	平成6年他出
松石	まつし	松石備前	
久保	こた	小丹後	
石間	でんぽ	石馬和泉	
口野	こぼし	口出雲のかめ	
儘	そうだ	まし丹後のいわ	明治期に他出 現住八瀬
奥村	こぼ	小坊河内の小保	
亀	せんじょ	（千之丞）	
和田	かべ		
茶屋	まし		
植沢	おいちよ		
石川	がいいち		
飛田	さかや		保司の分家

⑦甲賀小路町

脇坂	でんべ	承伊予	
土田	とんび		
清水	おけや		
岡本	かんだ		
下村	にしよう		
外山	うの		
鈴木	おくま		
岸本	りんちよ		

⑧妙見町

阿保	こしろ	阿保若狭	
富永	はんきよ		
森田	さぶろみせ		
駒井	ぶんど		
坂田	はいや		昭和期に他出
川端	なまみせ		昭和期に他出

【不明分】

		豆腐屋近江	

	いざ	伝若狭	
		みの丶せう	
		むこ河内	
	ちょんば	法師河内	
		ま丶讃岐	
		市伊予	妙伝寺北隣、明治期に絶家
		駒河内の岩間	
菊間	きくま	七伊予の善	大正期に他出
		たしまの入道	
		ち丶伊予のまし	
		茶屋伊予の九十郎	
		豆腐屋阿坊	
	こめやのいんきょ	西米屋むこ	
		こほ讃岐	
		小坊伊予	
		ふしま讃岐のふし	
		まし伊予の岩	
		増近江の他人	
		赤岩小法師	
		むこ丹後の若	
		鍋丹後の小法師	
		別所出雲のぬとう	

千代和泉のおほう
ほとのぬ童
武蔵のかんほう
玉のむこ
若出雲の六
みの丶せうのいわ
六播磨のいわ
聟讃岐のむこ
石原いよの六郎
新近江の入道
いて伊予の小坊

第七章　諸役免除〈特権を守る〉

一　綸　旨

平安時代以降、八瀬童子は比叡山延暦寺の童子として行動し、一方では天皇家とも結びつきながら、その地位や立場を保ってきたと思われる。天皇家との結びつきについては、後醍醐天皇から賜った綸旨が、史料としての初見である（第五章参照）。この後醍醐天皇綸旨については案文ながらも、以降八瀬童子に宛てられた綸旨は、すべてが正文である。そこで本節では、この天皇の綸旨についてもう少し詳しく述べておきたい。

建武三年（一三三六）正月二十四日付後醍醐天皇綸旨案の文面は、次のとおりである。

八瀬童子等年貢以下公事課役、一向所レ被二免除一也、可レ令レ存二其旨一者、天気如レ此悉レ之、

建武三年正月廿四日　左少弁（甘露寺藤長）（花押影）

これは八瀬童子に対して、「年貢以下公事課役」の免除を記した後醍醐天皇綸旨案である。しかし後醍醐天皇以降、次に残っている綸旨は、明応元年（一四九二）九月三日付後土御門天皇綸旨である。なんと一世紀半ものひらきがあり、この間の綸旨については知るすべがない。なお後土御門天皇綸旨では、八瀬童子の諸公事免除は御厨子所《みずしどころ》の免状に依拠している旨が記されているところから、八瀬童子はある時期から御厨子所に属していたことが知られる。

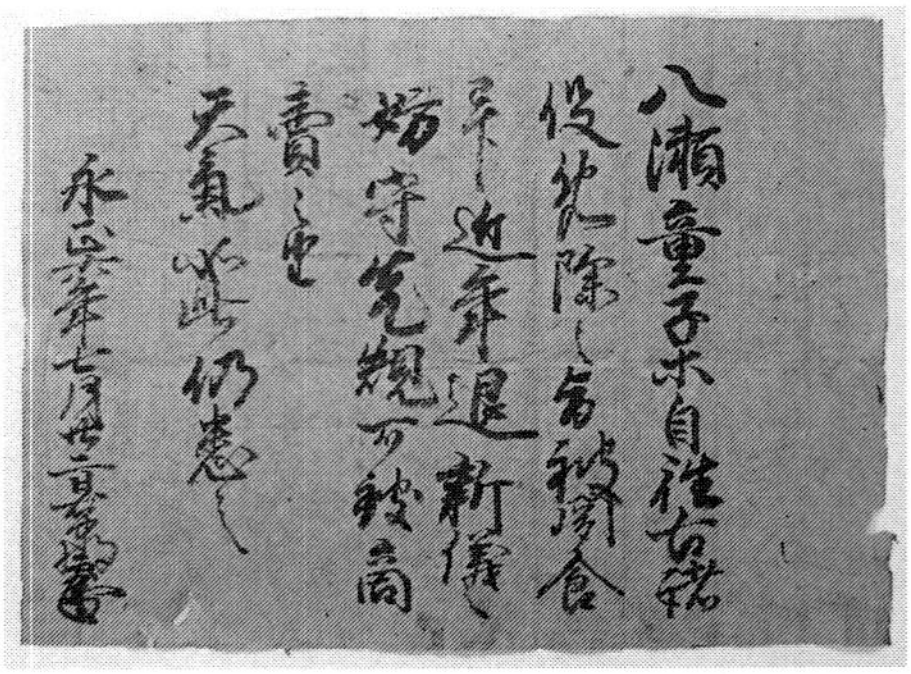

図23　後柏原天皇綸旨（永正６年７月22日付）

御厨子所とは令外の官衙で内膳司に属したが、のちには蔵人所の管轄下に置かれた組織である。天皇の朝夕の御膳を調進し、節会などに酒肴を出すことを担当した。この役職により、諸国の御厨《みくりや》や贄人《にえびと》ともかかわりを有した。おそらく八瀬童子は、栗・柿・柴木などを献上することによって、課役を免除された特権身分層になっていたと考えられるのである。

　次に残っている綸旨は、永正六年（一五〇九）七月二十二日付後柏原天皇綸旨である。この綸旨では「自二往古一諸役免除之旨」を追認している内容となっている。

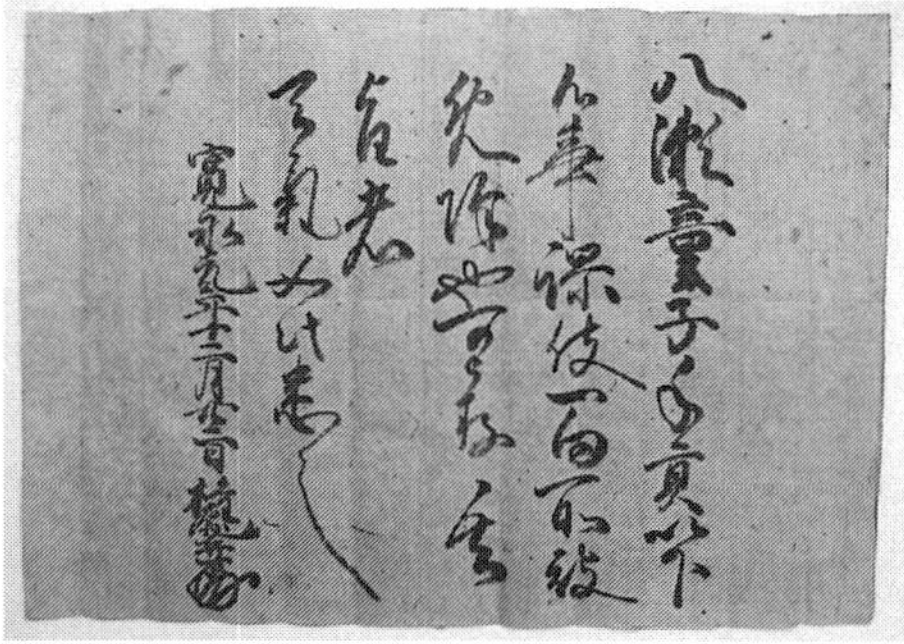

図24　後水尾天皇綸旨（寛永元年12月22日付）

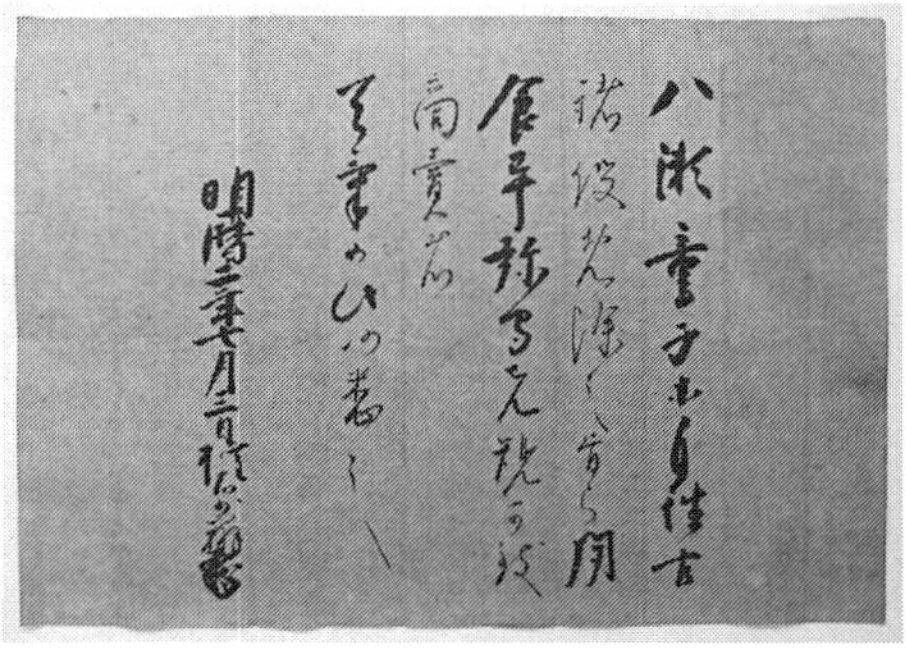

図25　後西天皇綸旨（明暦２年７月３日付）

この記述形式は、後世発給される綸旨の定型となった。なかには「年貢以下課役」などといった言い方をする場合も見られるが、これも「諸役免除」を意味した表現であった。

残る次の綸旨は、慶長八年（一六〇三）十二月七日付後陽成天皇綸旨である。またも一世紀近く空いている。後陽成天皇以降は、慶応四年（一八六八）三月二十日付明治天皇綸旨に至るまで（明正天皇綸旨のみ欠ける）、江戸時代を通して一五通におよぶ歴代天皇綸旨が残されている。実に圧巻である。

ともあれ以上みてきた八瀬童子にとっての諸役免除とは、中世においては比叡山延暦寺や朝廷への納銭や献納はあったものの、その他の諸役は一切免除されるといったものだった。江戸時代においては、中期頃までは多少の年貢と小物成はあったが、その他の諸役は依然として免除されていた。ところが宝永七年（一七一〇）、延暦寺との争論決着以降は、年貢諸役一切の免除といった破格の待遇を受けることとなるのだった（詳細は第九章を参照）。

では少しさかのぼって中世において、武家政権は八瀬童子に対してどのような接し方をしていたのだろうか。これについては、永禄八年（一五六五）六月三日付三好氏奉行人奉書では、「就㆓諸商売之儀㆒、帯㆓綸旨幷御代々御下知㆒、従㆓往古㆒至㆓尓今㆒、課役万雑公事等事、任㆓免除旨㆒」と記されている。また永禄十二年（一五六九）四月五日付織田信長朱印状では、「諸商買之儀、任㆓綸旨幷御代々御下知之旨㆒、不㆑可㆑有㆓相違㆒」となっている。この表記から、あきらかに従来発給されてきた綸旨の存在が、諸役免除追認の根拠となっていることを知ることができる。したがって現存してはいないが、中世において綸旨が継続して発給されてきたであろうことを想定することができる。いずれにしても、八瀬童子は中世から近世にかけて、諸役免除の特権を守り通してきたことがわかるのである。

二　京都所司代下知状

次に八瀬童子に宛てた江戸幕府京都所司代の下知状についてみておきたい。京都所司代下知状は、初代板倉勝重から最後の松平定敬まで五三名の所司代から出された下知状が残っている（板倉重宗・板倉重矩・本庄宗秀の三名の下知状は欠ける）。文面は以下のようになっ

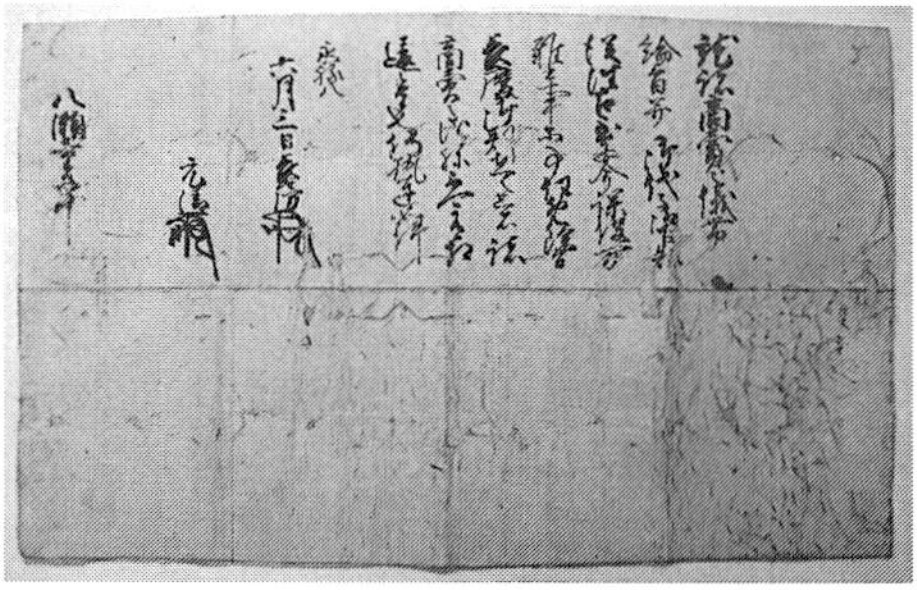

図26　三好氏奉行人奉書
（永禄８年６月３日付）

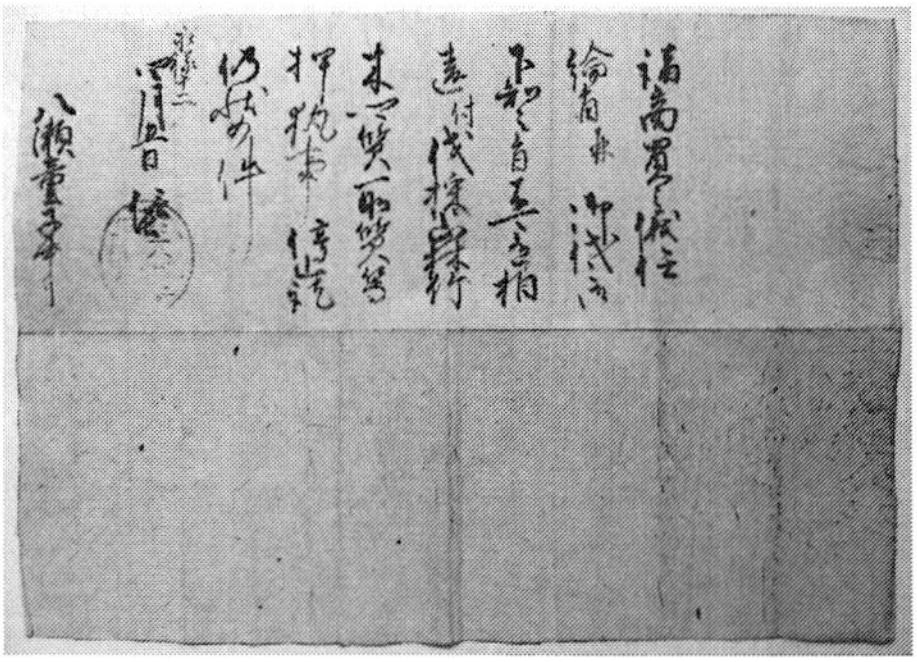

図27　織田信長朱印状（永禄12年４月５日付）

ており、各所司代のものはほぼ同内容である。

山城国八瀬庄童子諸商買之事、御綸旨并御代々証文分明之上者、至㆓山林境目㆒迄、任㆓先例㆒不㆑可㆑有㆓相違㆒之旨、依㆑仰下知如㆑件、

慶長十六年十月　日

伊賀守源朝臣（板倉勝重）（花押）

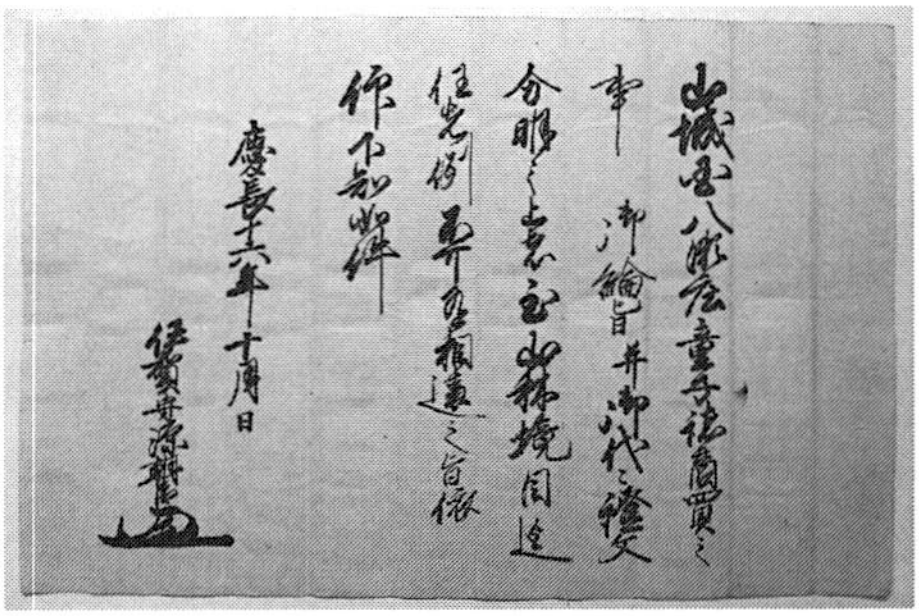

図28　板倉勝重下知状（慶長16年10月付）

京都所司代下知状とは、八瀬童子に対して「御綸旨并御代々証文」に基づき先例に準拠するかたちで発給されてきた。内容は八瀬童子の諸商売の事について、綸旨や代々の証文に記された内容をふまえたうえで、その生活を保証したものである。当然、綸旨に明記された諸役免除については、しっかりと承認していることはいうまでもない。なお書式上特徴的なことといえば、江戸時代を通して八瀬村を「八瀬庄」と表記していることである。この八瀬庄なる文言は、慶応元年（一八六五）閏五月付松平定敬下知状に至るまで、慣用として踏襲されている。おそらく八瀬童子が山門や朝廷とのかかわりを有していたことへの歴史的・政治的配慮であったのだろう。ちな

みに江戸時代八瀬村に対して、下知状以外で八瀬庄なるいい方をしている公文書は、慶長十六年（一六一一）十月付京都所司代板倉勝重禁制が最後である。ともあれ八瀬童子にとって、江戸時代をとおして諸役免除を認め生活保証を明文化した下知状を拝領するということは、彼らが生きていくうえで非常に大切なことだった。

天皇の綸旨は最も威厳ある公文書であったし、京都所司代下知状は、最高権力者たる幕府が認めた公文書だった。この両公文書を江戸時代を通して拝領し続けたという事実は、八瀬童子の特異な歴史を如実に物語っているのだった。

三　綸旨と下知状の拝領

江戸時代、綸旨および下知状は天皇や所司代が替わるたびに出されてきた。この発給については、八瀬童子側から拝領依頼がなされている。八瀬童子にとって、この両文書の存在が大変重要なものであったことを『八瀬記』では、次のように記している。

御代々御綸旨并御証文、往古より近衛様・梶井様えうかゝひ奉り候て願上候、是によつて近衛様御文庫にも八瀬村の御綸旨御証文有之よしに御座候、すへの世にいたり、御公儀より右の御綸旨御証文さしあくへきよし被仰出候とも、近衛様へうかゝひ申へきよし返答可申候、又外より上々様仰として、御綸旨御証文御目にかけ候やうに被仰下候とも、よく〳〵其わけ聞あわせ、其品により写さし上候て、本紙さし上申ましく候、本紙うせ候へハ、気のとくたるへく候、以後、御綸旨御証文、御代替のたひことに願上候て、相違なく頂戴申へく候、八瀬村のたから御綸旨御証文なくては、八瀬村たち申さす候、此むねよく〳〵可相心得者也、

この記述では、禁裏御料の管理に携わっていた近衛家が八瀬童子にとって大きな支えとして登場する。八瀬には以前から禁裏御料が存在したため近衛家が管理していたが、宝永七年(一七一〇)に延暦寺との争論決着後、村内は禁裏御料のみとなり、従来存在した私領などは代官支配となって、年貢諸役は一切免除された。この一連の事件では八瀬童子に有利になるよう近衛家が大きくかかわったことが、以後八瀬童子との関係を深めることになったのである。八瀬童子は、ことあるごとに近衛家へ相談した。かかる交流の結果、現在近衛家(陽明文庫)にも八瀬童子会文書の写がまとまって残っている。八瀬童子会文書が、綸旨・下知状の正文が失われることなくしっかりと残されてきた理由も、かかる『八瀬記』を読むことによって、なるほどと納得できるである。

なお江戸時代、綸旨拝領時の仕組みについては、寛延元年(一七四八)桃園天皇綸旨の時

の記録が残っているので、参考までに記しておきたい。

綸旨頂戴覚

今上皇帝（桃園天皇） 御緯名 遐仁

一条摂政関白左大臣道香公

両伝 久我大納言通兄卿

柳原大納言光綱卿

職事 万里小路左少弁説道朝臣

右加先規御執奏

梶井宮無品叡仁親王

寛延元年辰十月三日

取次 寺家宰相法印養昌

如旧例今日

綸旨於寺家宅渡ス

八瀬村惣代 伊予

年寄 讃岐

これによれば綸旨が朝廷から出される時、伝奏・職事、そして梶井宮をとおしてのち、最後は取次から八瀬童子へ渡されたことが知られるのである。

下知状については、京都所司代配下の京都代官から渡された。拝領日にはまず近衛家へ出向き、「御紋付御長文庫」を借用し、下知状はこれに格納して近衛家へ報告。それから村へ持ち帰った。翌日再度近衛家へ下知状を持って出向き、写の作成依頼を願っている。もちろん土地の産物が、献上品として持参された（『八瀬記　続』）。

綸旨もおそらく近衛家へ写を依頼したことだろう。ともあれ綸旨と下知状に保証された諸役免除の特権は、このようにして幕末まで温存されたのであった。

物書　伊右衛門

第八章　村の営み〈暮らしのかたち〉

一　村の秩序

八瀬童子には、古来より厳格な秩序があった。それは第四章で触れたような平安時代の座役の系譜を引くものであったかもしれない。本章ではこの村の秩序について、江戸時代の史料のなかから、形成された八瀬の村落自治の様相をかいまみたいと思う。

八瀬には現在でも厳格な祭祀形態が存続している。この詳細については、第十七・十八章に譲るが、この祭祀組織こそが八瀬の村落自治の構造を今に残す唯一のかたちである。八瀬の鎮守社である天満宮社の祭祀は、現在では高殿《こうどの》（一名、年番神主）が最高責任者の立場にあり、その下に副高殿《ふくこうどの》（二〜三名）・須行《すぎょう》（若干名）・先禰宜《せんねぎ》（一名、前高殿）が位置して祭に奉仕する。この神事に携わる人々は、その昔は八瀬の老分衆といわれる人たちであった。

また江戸時代にみられた一和尚《いちばんじょう》・二和尚《にばんじょう》・三和尚《さんばんじょう》などと称した村の責任者の面影も合わせ持っていた。

江戸時代、八瀬村の自治は以下の組織からなっていたことが知られる。文化十三年（一八一六）八月付八瀬村中申渡書では、「村方之儀は、従古来老分拾八人、次席拾八人、都合三拾六人」が中核となっていたことが記されている。この老分と次席の衆は、互いに監視機能を保ちながら村政にあたっていたことも知ることができる。さらに文政四年（一八二一）十一月、奉行所に提出された八瀬村掟書には次のように明記されている。

一、村方百姓共諸願之事有之節は、和尚方え可申出、年寄共寄合評議之上可致儀は、和尚奥印ヲ以御役所え為相願候も、若我儘不筋之立願、都而差支有之儀は、和尚奥印堅不相成事ニ候間、右之趣相心得可申事、但シ新規又は品替之願事ハ、和尚年寄老分之者一統寄合評議之上、和尚奥印調不調之義は、本文之通相心得可申事、

（中略）

一、村内其外不寄何事ニ、和尚老分拾八人評議之上、相究候義は、持次拾八人は不及申、若もの頭十人末々子供ニ至迄、無違背相心得、且年寄四人之義、和尚老分拾八人之差図ヲ以相勤候儀、往古より仕来ニ付、諸事万端依怙贔屓なく正路ヲ元ト而相極可申候、若

和尚共不取計義有之候ハヽ、老分之内より御役所え可申出候事、

これによると、村政は和尚・老分ら一八名によって評議されており、年寄四名はかれらの指図によって行動した。さらに持次（次席）一八名や若者頭一〇名以下の者たちも、同様にかれらの指示に従った。村の行政上の総括責任は一〜三和尚にあったが、かれらに不都合が生じた時は、老分衆が代行した。そのほか掟書には、村方からの諸願いに対しては、和尚・老分・年寄が評議をすることなどが記されている。すなわち八瀬村では、この和尚と老分に年寄を含めた各指導者たちによって、すべての決定がなされていたことがわかるのである。さらに村の組織の詳細については、明治十九年（一八八六）に編集された『愛宕郡《おたぎぐん》各町村沿革調』において、八瀬村の役人について以下のように記述している。

村役人

役人名称幷配置

一、往古ヨリ明治二年迄、役人名称ハ一和尚・二和

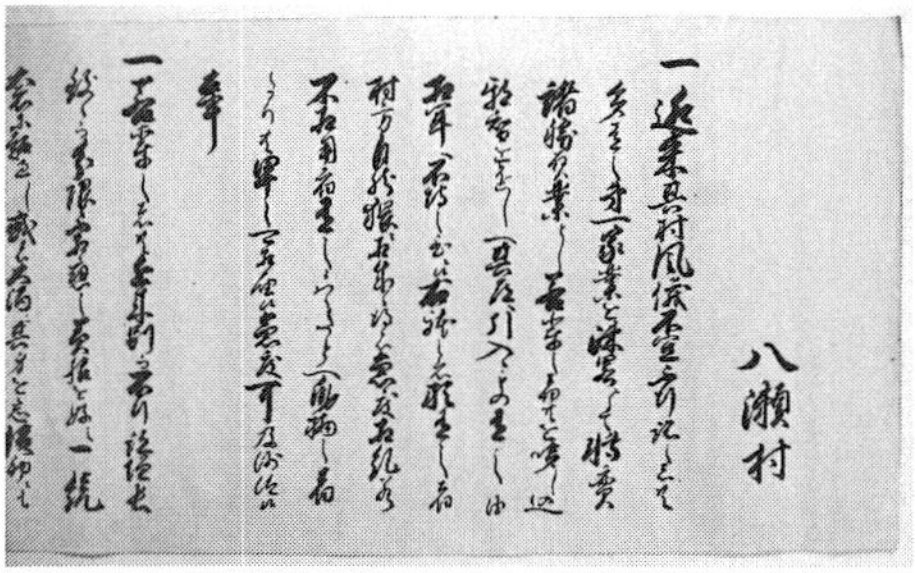
八瀬村

図29　八瀬村定書（文政10年(1827) 4 月に記された八瀬村の定書。八瀬童子の守るべき規則が詳述されている）

尚・三和尚ヲ置キ、又年寄四人ヲ置キ、又定仕壱人ヲ置キ、又祐筆壱人ヲ置ク、右役人一和尚・二和尚・三和尚ハ年期ナシ、又年寄四人ハ凡五ケ年、又定仕役ハ壱ケ年、又祐筆年期ナシ、右一和尚・二和尚・三和尚ハ無給、年寄役四人共、庄屋給ト唱へ、四人ノ内へ壱ケ年ニ付玄米三斗壱升五合、禁裏御料御代官ヨリ下渡サル、外ニ御所幷ニ近衛殿其他へ御用、又ハ年礼御祝儀コト等ノ節、出頭スルトキハ（出頭スルヲ総用ト唱フ）、銭五拾文ヲ村方ヨリ給ス、又定仕役（此役ハ他村ノ庄屋ト同シキ様ナル役）ハ、給料壱ケ年玄米壱石八斗、祐筆給料ハ、壱ケ年玄米四石五斗ヲ村方ヨリ支給ス、

村役人撰任

一和尚・二和尚・三和尚ハ、村内ニ上席ト云フ十八人ノ老分席アリ、此内ニテ年長ノ三人ヲ云フ、又此席ノ中ニテ順次年番ヲ以テ、定仕役壱人ヲ置ク、又年寄四人ハ、下席十八人ノ老分席アリ、此内ニテ上席十八人ヨリ口頭ヲ以テ命シタル上ニテ、近衛御殿へ伺ヒ、済之上ニテ採用仕来ルモノナリ、又祐筆役ハ村内一般ノ撰挙ニテ、村民タル者ハ何席ヲ不問撰挙シ、高志ヲ以テ上席十八人ヨリ命シタル上、近衛御殿へ伺ヒ、済ノ上採用ス、

但シ近衛御殿様ハ領主ニアラザルモ、古来ヨリ万端御世話ヲ蒙ルヨリ、役人進退ヲ
　伺ヒ来ルナリ、

明治時代初頭の記録ではあるが、江戸時代の八瀬村の組織状況を詳述している好史料である。すでに述べたことと大差はないが、より詳しい情報を知ることができる。要約すると次のようになる。八瀬では老分衆という上席一八名と下席一八名の都合三六名が村を統括。上席のうち年長者三名が一和尚から三和尚に就任。さらに定仕《じょうじ》一名を決める。定仕とは庄屋に相当する役職。下席の年寄四名は、上席の指示を受ける。祐筆は村民の互選。和尚は任期がなく無給。定仕は一年のみで有給。年寄は五年程度で有給。祐筆は任期がなく有給。なお近衛家への報告や承認の関係は、延暦寺との争論事件（第九章参照）以降、一層緊密なものになったと考えられる。

以上のことより、八瀬童子の村落自治とは独自の上下関係の組織のもとに編成され、また独自の合議制のなかで進行されて、村の営みは保たれていたことがわかる。かかる村落構造の形態は、現代社会のなかにあっては形を変え、なかでも祭祀組織に脈々とその名残をとどめているのであった。

二　隣郷との争い

このような自治組織をもった八瀬ではあったが、長い江戸時代を通しては、実にさまざまなできごとが起こっていた。なかでも八瀬童子にとって重大なできごととは、南に隣接する高野村や真上に迫る比叡山延暦寺との争論だった。そこで本節においては、まず前者の高野村との争論からみていくこととしたい。後者の比叡山延暦寺との争論については、江戸時代における大事件だったことから章を改めて記述することとする。

さて、さかのぼること応永二十二年（一四一五）六月二日付八瀬人等申状によれば、八瀬童子が近江の山へ伐採に出向く時、大原領内の通行が困難になったことを訴えている。北に隣接する大原の村人とも、うまくいっていなかったことが知られるのである。なおこの申状のなかで、八瀬童子は自らのことをこのように述べている。

> 我等ことのいやしき身は、一日の薪をとりやみ候へハ、半日のせいろ〔生路〕もかなわさる事候、八瀬人と申候は、御所中之譜代御株持の事候へハ、御隣愍の儀をもて理に任せて如元道をとほり、山に入候やうに御成敗ニあつかり候ハヽ、畏入候へく候、

このなかで注目されることは、八瀬童子が「御所中之譜代御株持」と記していることであ

る。これは当時八瀬童子が朝廷の御厨子所《みずしどころ》に所属して、課役を免除された特権身分であったことをあらわしているのではないかと思われる（第七章参照）。八瀬童子は、このように自らの由緒を明らかにして生活権を守らんと図り、大原住民成敗のとりなしを願う手段をとったのだった。

次に述べる八瀬村と高野村の山林をめぐる争いは、実に長期にわたるものであった。まず天文十一年（一五四二）十月十五日付室町幕府奉行人奉書では、八瀬荘と高野郷の境界が決定されたことを知ることができる。すでに両者間には、村域の境界線をめぐる争いがあったことを示している。慶長四年（一五九九）八月十四日付高野衆連判状では、高野村の者が八瀬領内にて柴刈りの際、八瀬童子に見つかって牛をとられてしまうなどの不始末を起こしている。高野衆は以後、境界を越えて人馬牛を入部させないことを八瀬惣中に誓っているのである。

そしていよいよ寛永七年（一六三〇）から、「高野郷」と「八瀬惣中」の長年にわたる係争が始まることとなるのだった。争いの内容は、おもに領内山林にある木柴等の盗み刈りに関するものだった。かかる初出史料は寛永七年十二月付八瀬惣中申状で、以降寛文五年（一六六五）二月まで継続されていたことが確認できる。なお寛永年間の係争は、寛永十九年

（一六四二）にいったん収束したかのようであった。しかし寛文四年（一六六四）に再び起こったのであった。

寛永年間の申状に記された八瀬村の言い分を要約すると次のようになる。高野村の者がたびたび無断で八瀬領内の山に侵入して、木柴等を刈り荒らした。さらに田地まで潰し、女子らを追い払うなどの狼藉にもおよんだ、といっている。

寛文年間の論争では、高野村の言い分は次のようであった。高野村の者は、山中にて大勢の八瀬村の者に暴行を受けた。八瀬村の者も高野領内に踏み込み、押領の手段に出てきた。番所などを設ける行動をとり大変迷惑を蒙っている、といっている。さらに両者間では、以下のような主張が交わされている。

図30　上高野の風景
（背後に比叡山がそびえる）

高野村は「八瀬村ハ、纔高三百石余之所ニ山林おほく、山之内壱里餘も御座候、高野村ハ高八百拾壱石余之所ニ、山林曾而無御座、禁中様女院御所様御用等相勤候儀も難成、其上御田畠之こやしに芝草かり可申所も無御座候」と主張している（寛文四年十月二十九日付高野村訴状）。これに対し八瀬村は「八瀬は高纔ニ弐百六拾石之所ニ而御座候ニ、人数九百人余御座候ニ付、朝夕山之かせきにて渡世を送申候、高野ハ高八百拾石余之所ニ、人数四百人余御座候由承候、人数は八瀬ハ多、米高ハ少ニ而御座候、高野ハ人数は少ク、米高ハ多御座候ニ付、八瀬ハ山かせき第一ニ仕候ニ、境内之内少ニ而もへり候てハ、渡世送可申様無之候」と切り返している（寛文五年二月付八瀬村返答書）。両者の各文書に記された主張の内容か

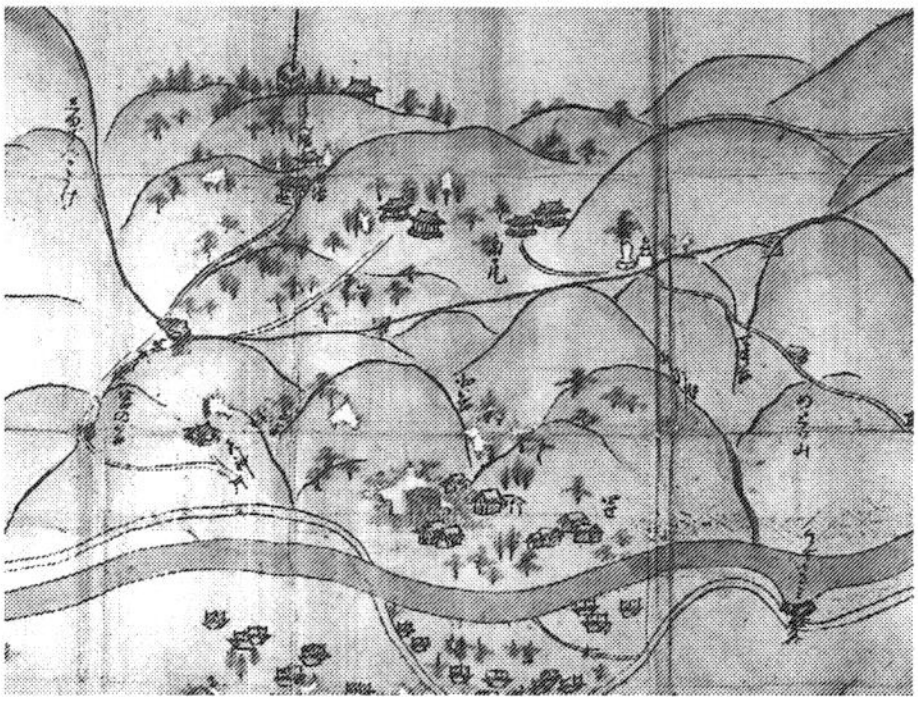

図31　寛文７年（1667）終結時の山林境界相論絵図

図32　小原女姿の八瀬の女性
（大原の女性は「大原女」と表記する）

らだけでは、真相はいまひとつ不明である。しかしこの表記のなかで興味深いのは、八瀬童子が朝廷に出入りして仕事に携わっていたことを、近隣の村落も周知していたことだった。

この一連の争論は両者が江戸まで行って審議された結果、寛文七年（一六六七）三月に山林の境界が決定され、さらに八瀬村の勝訴というかたちで終結を迎えた。山林境界相論絵図裏面には、翌年三月付にて京都所司代牧野親成の承認印が押されている。江戸時代前期、八瀬村と高野村の四〇年近くにわたる争論の経緯をつぶさに追うことができるのであった。

第九章　延暦寺との争論〈生死をかけた闘い〉

一　延暦寺の復権

江戸時代、八瀬童子にとって最大の事件とされているのが、これから述べる比叡山延暦寺との争論であった。すでに隣郷高野村との係争は前章にて触れたとおりであるが、これから述べる延暦寺との争いは、幕府や朝廷をも巻き込んだ一大争議だったのである。

事件の発端は、延暦寺の方からだった。宝永五年（一七〇八）十二月、延暦寺は比叡山の領域改めを行い、その結果八瀬童子は比叡山への自由な入山往来を大幅に制限されたのだった。そもそも延暦寺は、平安時代以降王城守護の寺院として栄え、その権勢をほしいままにしてきた大寺院だった。しかし織田信長による寺院の焼き討ちは大きな痛手であったし、また長い歴史のなかで比叡山領域の境界については、さまざまな問題が生じていたことも事実

図33　延暦寺（根本中堂）

だった。

江戸時代を迎えると幕府の寺院管理政策のなかにおいて、延暦寺は常に寺域の回復を模索していた。そこに日光山輪王寺門跡公弁法親王《こうべんほっしんのう》（後西《ごさい》天皇皇子）が、将軍徳川綱吉に寺領の境界改めを願い出た。当時、延暦寺は日光山輪王寺門跡の統括下にあって、公弁法親王は延暦寺の座主《ざす》も兼ねた実力者であった。また将軍はもとより、幕府重臣とも密接な関係にあり、その政治力を生かして一気に山門領域の回復に乗り出したのだった。

比叡山延暦寺の四至については、古く平安時代の文書にも記されているが、この牓示を九〇〇年近くたった後の世にまで適用解釈するといったものだった。まさに一方的な決め方ではあったが、宝永五年十二月五日付にて山門結界絵図（図34参照）がつくられ、絵図裏書には幕府老中の連署がしたためられた。同月二十五日、八瀬童子は京都東町奉行安藤次行から絵図を渡されたのだった。以下、その老中連署山門結界絵図の裏書を記す。

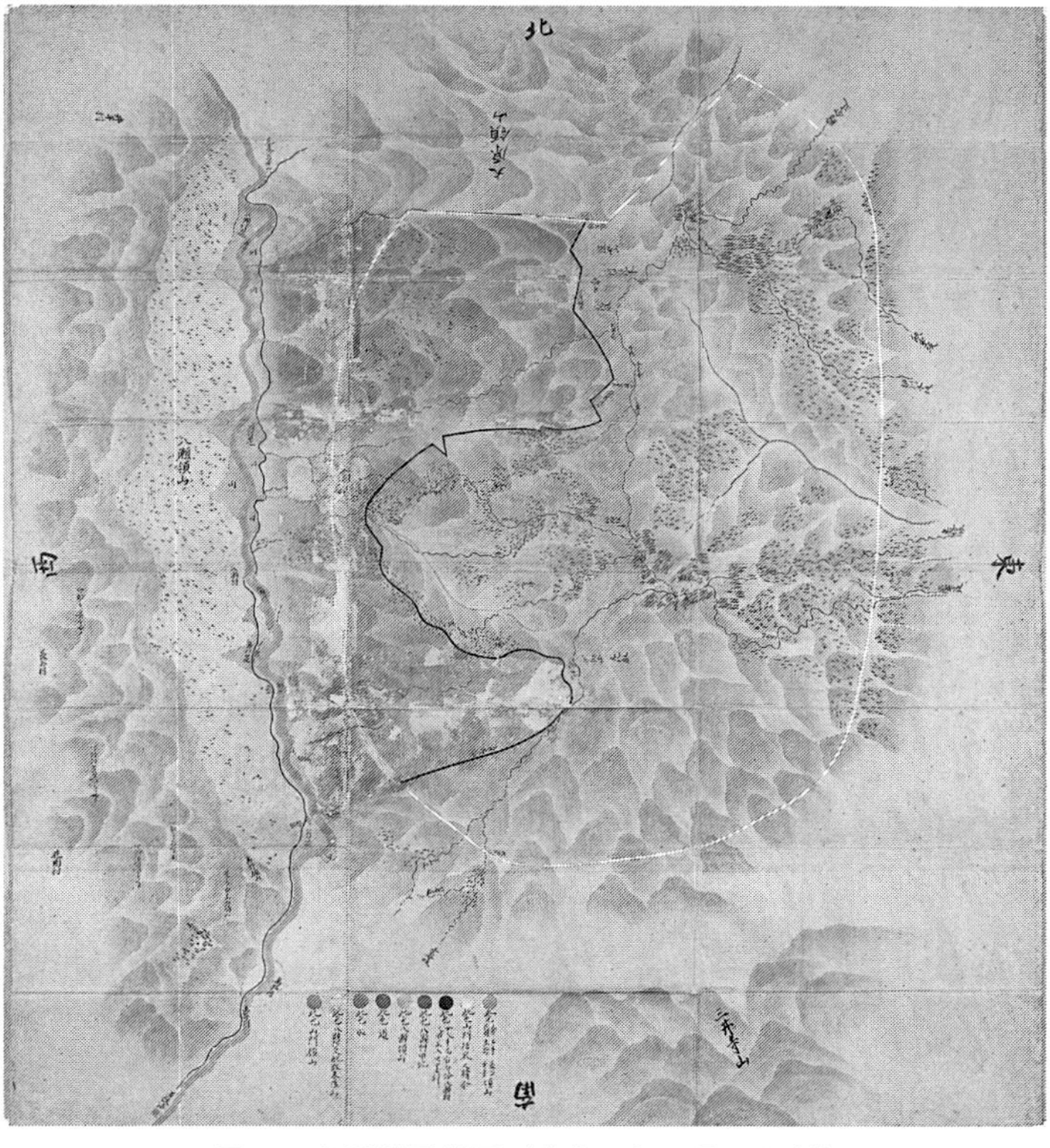

図34　山門結界絵図（宝永５年12月５日付）

山門結界之儀、往古は四至牓示之内、女人牛馬制禁之処、近来西表属二八瀬村一、女人牛馬令レ往二来浄界一、就レ及二汚濁一、依二日光准后御願一、結界之地改レ之、小比叡・波母山・阿弥陀峰・登天石・三尊石・五百羅漢石等は、為二山門之要地一、依レ之山頂は、従二狼馬場一至二元黒谷一松生際幷経塚、南尾墓・天狗岩は、山門之境内相二加之一、以石杭牓示定レ之、注二絵図一墨筋引レ之、其内え女人牛馬は勿論、惣而八瀬村之者一切不レ可レ入、山下白筋は、古来結界牓示之跡也、是又相改、以二石杭一定レ之、女人牛馬出入之儀、堅令レ停二止之一、斧堂・地蔵谷は、雖二牓示之内一属二八瀬村一、惣而墨引之外は、八瀬村之者為二持分一条、柴薪伐採之儀は、不レ制レ之は、墨筋各加二印判一境目相極也、右今度相改、注二絵図一黒白之筋引レ之、為二後証一山門八瀬村双方え渡レ之畢、堅可二相守一者也、

宝永五年十二月五日

（井上正岑）河　内（印）
（大久保忠増）加　賀（印）
（秋元喬知）但　馬（印）
（土屋政直）相　模（印）

かかる絵図裏書は山門の結界について明記しているが、全容については絵図の表面を見れば一目瞭然である。白色と黒色の実線による境界域が、それを現している。色の説明による

と、白色の広域線は「此色、山門結界之牓示」とあり、延暦寺領の広域線であることがわかる。絵図裏書には「女人・牛馬出入之儀、堅令停止之」と書かれている。白線の内にある黒線については「此色、女人・牛馬は勿論、八瀬村之者、不入込墨引」とあり、絵図裏書には「女人・牛馬は勿論、惣而八瀬村之者一切不可入、山下白筋は、古来結界牓示之跡也」と記されている。すなわち八瀬童子は、黒色の線から東側の延暦寺領に絶対入ることを許されな

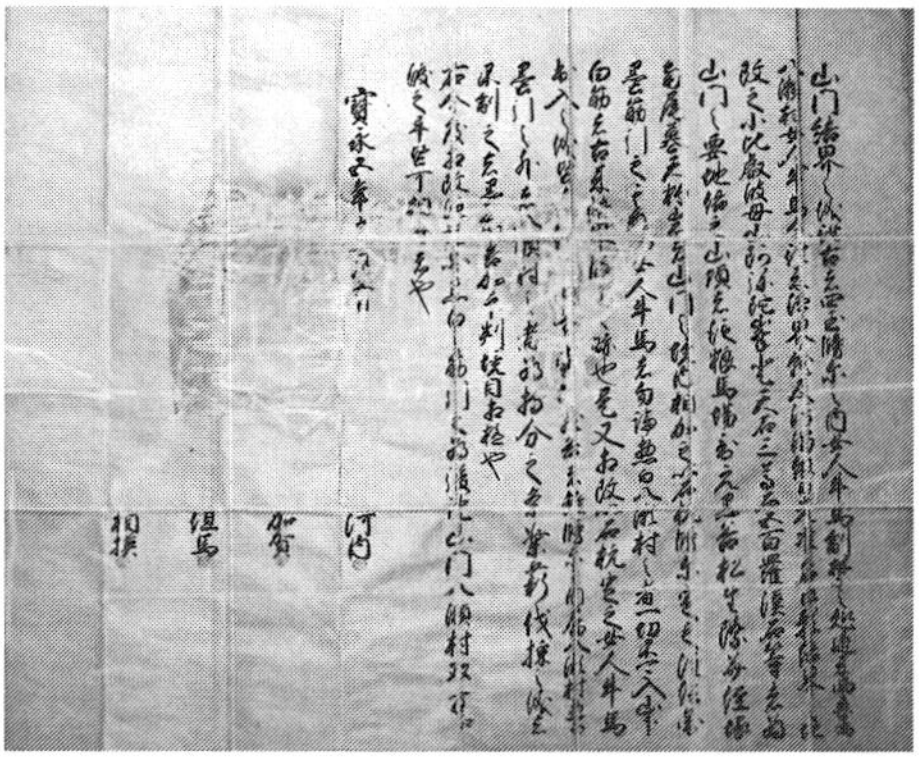

図35　老中連署山門結界絵図裏書
（宝永５年12月５日付）

図36　「女人牛馬結界」の石碑

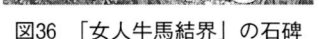

かった。また重要な働き手である女性は、外周の白線から立ち入ることさえ許されなかったのである。耕地面積の少ない八瀬にとって、村人たちは比叡山に立ち入り、柴薪伐採などに依存した生活手段を余儀なくされてきたわけであるから、入会権を大幅に制限されたこの決定は、まさに死活問題だった。

二　八瀬童子の直訴

八瀬童子は立ち上がった。年が明けた宝永六年（一七〇九）正月、京都町奉行所に訴えたが、取り上げてもらえなかった。そこで四月二十三日、八瀬童子八名が訴訟のために江戸へ下ることとなった。江戸では、八瀬村領主の一人である林大学頭信篤の屋敷を宿舎とすることが許された。そして寺社奉行本多忠晴に訴え出たが、結局さんざんに叱責され不首尾に終わった。

でも八瀬童子たちは、あきらめなかった。今度は老中秋元但馬守喬知《たかとも》が、七月四日に焼失した御所復興のため京都に行くことがわかり、嘆願することとなった。童子三名は江戸に残り、残り五名が秋元喬知の道中の駕籠に付きまとい陳情した。なおこの時、秋元は八瀬に立ち寄り巡見している。村の童子たちは秋元を出迎えた。ついに秋元は童子たちへ付きまとうことをとどめ、江戸屋敷へ文書を持参するよう言い渡した。

八月四日、童子たちは江戸へ下った。秋元の屋敷へは、三度目にてようやく入ることが許された。しかし下された指示は、京都西町奉行の中根正包が江戸に来ているので、願い出るようにとのことだった。しかし二、三度にわたって願い出たものの、相手にされなかった。翌七年四月、京都所司代松平信庸が江戸に来るので、願い出るようにとの秋元からの指図があった。童子たちは二三度にわたり嘆願したが、またしても相手にされなかった。勘定奉行の荻原重秀にもあたったが、同様の結果となった。

図37　八瀬村の背後には、巨大な比叡山がそびえたつ

八瀬童子の失望感は、極限に達していた。なかでも訴訟のため村をあとにした代表者たちにとって、はや一年以上の年月が過ぎていたのである。なかでも滞在費は大きな重荷だった。『八瀬記』には、そのあたりの様子を次のように書き記している。

当村にのこり候ものハ、留守の者の家業をたすけ、勝手よき者ハ用物人にまさりて金銀を出す、其心さし一人としておろかならす、八瀬村では一丸となって、留守宅の面倒見や仕送りを精一杯していたことが知られる。しかしながら権力者対村人の争論とは、いかに過酷なものであったかを見て取ることができるのである。

三　幕府の裁許

まったく進展のみられない日々が続いたが、同年四月に前関白太政大臣近衛基凞《もとひろ》が江戸へ下ることを期に、事態は大きく展開をみせ始めたのだった。近衛家は禁裏御料を管理していた家柄でもあった。八瀬童子にとって禁裏御料高六三石余の管理者でもあり、また近衛家は薪炭類の納品や同家のかまぶろ愛用などの所伝もある。近衛家と八瀬童子の関係は、少なからず存在したうえでのことである。このような経緯から、八瀬童子の一件は近衛基凞の目にとまることとなったのである。

さかのぼること前年正月、将軍徳川綱吉死去も開運のひとつだった。次期将軍は徳川家宣であったが、その妻が近衛基凞の娘（照姫）だった。また徳川綱吉期の施政については悪評高きところが多く、一気に改善の方針がとられた時期でもあった。

実際のところこの訴訟一件については、近衛基凞や将軍家宣の側近新井白石による政治的はたらきかけが大きく、またそれが功を奏した。ただ当時、幕府内部や朝廷内部の権力闘争、そして朝幕関係が複雑にからんでいた時期でもあった。延暦寺と八瀬童子の争論は、政治的事件にまで発展していったと考えられる。したがって、先に触れた老中秋元喬知一人の力で処理できる問題ではなかったのである。

かくして宝永七年七月十二日、江戸幕府裁許状が出された。内容は、八瀬童子にとってこのうえもなく嬉しいものだった。

日光准后御申の旨に就て、去々年戊子十二月山門の結界を改定めて、女人牛馬等其牓示の中に入る事を禁断あり、依之去年以来八瀬庄住人等訴申す、彼庄の中、禁裏の御料綸旨を被下、往古より男女山に入り薪を採て、商売のたすけとす、結界の後すでに其業を失ふと云々、然るに綸旨は課役免除の事にして、山門の境内に入る事をゆるさゝる旨はのせられす、しかりといへとも、禁裏の御料綸旨重畳の上は、愁訴する所も其謂なきにあらす、故に別に恩裁の儀を以て、彼庄散在の私領寺領等を他所に遷替られ、其地ハすなハち御代官に附られ、年貢諸役一切に免除せられ畢、禁裏御料に至ては、永く先規を守るへき者也、

宝永七年七月十二日

紀伊（松平信庸）（印）
河内（井上正岑）（印）
加賀（大久保忠増）（印）
伯耆（本多正永）（印）
但馬（秋元喬知）（印）
相模（土屋政直）（印）

幕府裁許状には、次のことが決定事項として記されていた。八瀬童子が所持している歴代天皇の綸旨には、課役免除のことは記されているが、山門境内に立ち入ることは許されていない。しかし従来の経緯を鑑み特別措置として、以下のことを決定した。まず八瀬村にある私領・寺領を他所に移し、その地は幕府代官支配地とし、年貢諸役一切を免除した。さらに他の史料によると、小物成として取り立ててきた小黒木や、毎年課せられた二条城へ納める竹役も免除となった。ここにいたって、八瀬村は極めて特殊な赦免地の村となったのだった。

さてこの幕府裁許状であるが、幕府の審議にかかわった新井白石の自叙伝『折《おり》たく柴《しば》の記《き》』にも、当時の訴訟経過が記されている。このなかで興味深いことは、漢文体で書かれた裁許状草案を、将軍家宣自ら筆をとって、読み下し文に改めたことである。おそらく八瀬童子への配慮だったのだろう。いかにこの訴訟事件が、注目されたものであったかを推し量ることができるのである。また幕府審議のなかにおいて、後醍醐天皇の故事が大きく生かされたことも忘れてはならないことであった。この争論以降、八瀬童子は延暦寺配下の童子としてよりも禁裏との関係に、より一層傾倒していったものと思われる。

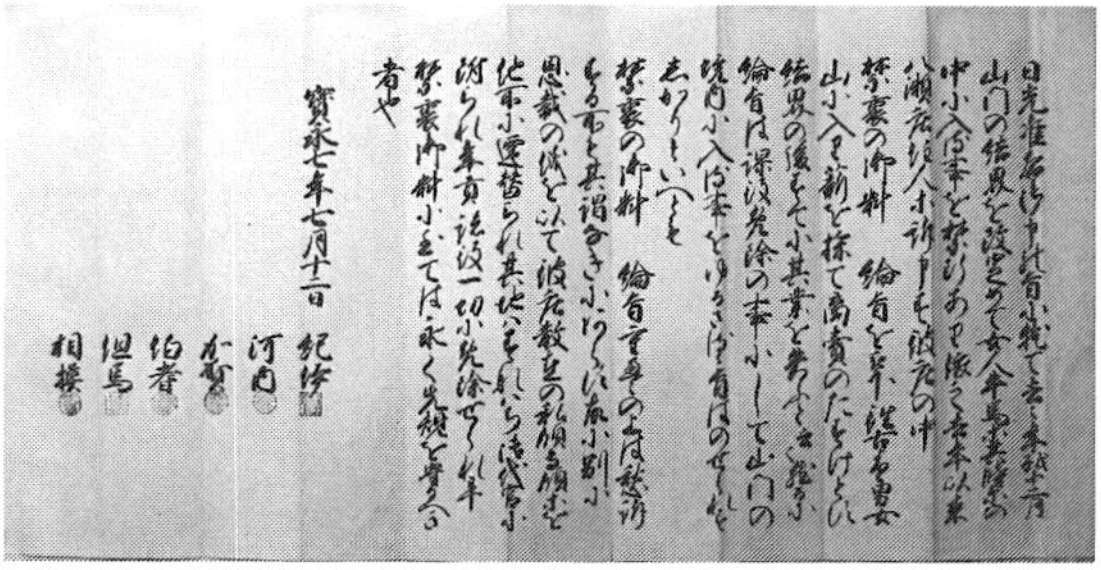

図38　江戸幕府裁許状（宝永７年７月12日付）

　延暦寺との争いについて一年半以上におよんだ訴訟は、八瀬童子にとって生死をかけた闘いだった。この間、江戸との往来にかかわった八瀬童子は、二一名にも達した。『八瀬記』には、「江戸下向之童子」と題して以下の名前を書き残している。「第六章　童子と国名」のなかの表1町別屋号国名対照表と照合していただきたい。

あか岩播磨　河原はた伊予　松いよ　北はりま
六郎伊与　あほ出雲　まし讃岐　松石さぬき
三郎入道　ひかし近江　おといつも　さる丹後

口出雲のかめ　承いよの若　石出雲のまゝ　西出雲のせん太　玉河内のいわ
藤近江　豆腐屋あほ　あほいよ　こほ備前のこほ

第十章　八瀬の正史〈引き継がれた史実〉

一　『八瀬記』の場合

八瀬童子には、引き継いできた大切な記録帳があった。ひとつは『八瀬記』で、もうひとつは『後要用記録大帳』だった。この二種類の記録帳は、八瀬の歩みを今に伝える貴重な史料集である。どちらも編纂された史料集であるが、現在では八瀬および八瀬童子の歴史を研究するうえで、欠かすことのできない基本的文献となっている。

『八瀬記』は正徳六年（一七一六）に成立し、建武三年（一三三六）から正徳五年（一七一五）までの史料を収録している。『八瀬記』跋文によると、神坂貞直が八瀬童子から編纂を依頼され、執筆は小野光直の手によることが知られる。この依頼された人物は、近衛家の家来である。先の比叡山延暦寺との争論、そしてその結果獲得した赦免地が契機となって、編纂が行われたものと考えられる。したがって内容構成は、冒頭より八瀬童子にとって重要な文書に相当する綸旨や京都所司代下知状が編年にて収録されている。

次に宝永五年（一七〇八）十二月五日付老中連署山門結界絵図裏書が掲載されてから、八瀬童子の苦難に満ちた訴詔経緯が記録され、さらに八瀬童子を歓喜させた同七年七月十二日付江戸幕府裁許状へと続いている。その後の史料は、さらなる赦免にかかわるものや、八瀬

図39 『八瀬記』（右）と『八瀬記 続』（左）の表紙部分

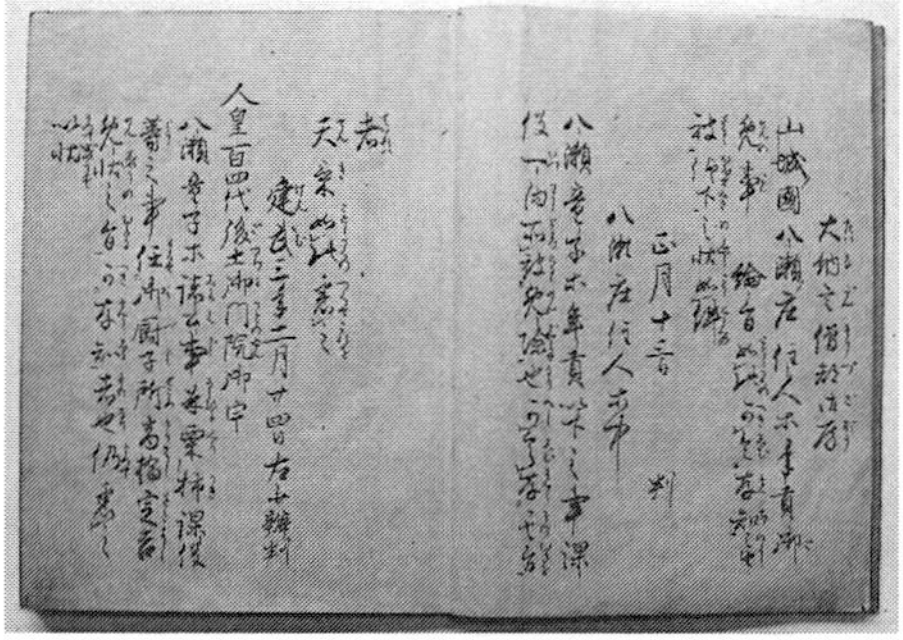

図40 『八瀬記』の冒頭部分

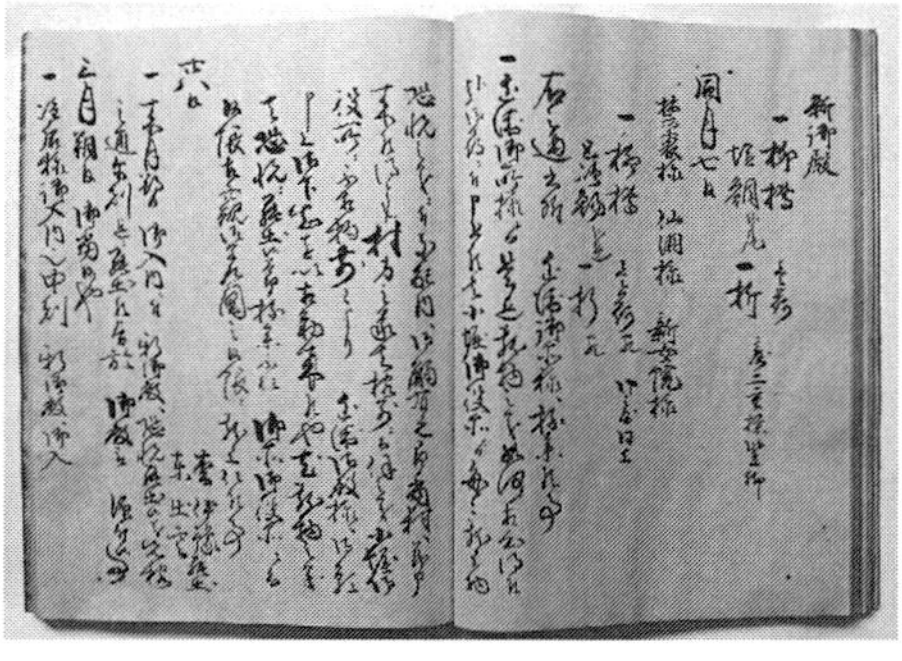

図41 『八瀬記 続』の記述部分

の来歴・行事・伝承などの記録が載せられている。

なお『八瀬記』には、続編としての『八瀬記 続』がある。これは、享保三年（一七一八）から文政十二年（一八二九）までの史料を収録している。歴代の綸旨および京都所司代下知状の続きの部分。また禁裏や近衛家などとのかかわりについて、日記形式にて記述されている。『八瀬記』と比較すると記述方法が異なるうえに、内容も村落内部のことより渉外にかかわる記述に傾倒している。明らかに結界争論以降の八瀬村の政治姿勢そのものが、記述内容に影響しているといえよう。

そもそもこの『八瀬記』とは、意図的な編纂物であることを認識しておかねばならない。それは一世紀ほど後に記された村の記録（文化十三年八月付八瀬村中申渡書）に、以下のようなことが書かれているからである。

一、八瀬記と申書物、例年村中へ読聞せ候儀、近年等閑ニ相成行候哉ニ相聞候間、以来は例年一統へ読聞セ可申候、左候得は、往古極難之処、公儀并御殿之御憐愍ニ而、至于今村中無難ニ相続仕罷在候訳を承知仕候得は、難有奉存、御恩之程をも忘却不仕候間、心得違無之様可致事、

すなわち『八瀬記』とは、八瀬童子の苦難の歩みとその時お世話になった人への御恩を忘

却することなく伝承し、今に至る幸せに感謝することを目的として書かれたものであった。

なお史料中には『八瀬記』を毎年村中に読み聞かせていたが、近年行われていないことが記されている。しかし感動的な物語調の文章でもない限り、長年にわたってこのような堅苦しい史料集をどのような気持ちで皆は聞き入っていたのだろうか。ともあれ『八瀬記』記載の古文書に、読み違えがないようしっかりと付けられたふりがなは、このことを静かに物語っている。

二 『後要用記録大帳』の場合

『後要用記録大帳』は、天保十一年（一八四〇）正月の成立になるもので、同年から明治二十八年（一八九五）までの史料を収録している。内容としては、幕末から明治時代にかけての村の状況を知ることのできる貴重な史料集である。『八瀬記』よりは、はるかに史料集としての性格の強いもので、天保以前の史料も抄録されている。村政以外に八瀬童子のいわれや、村内社寺の詳細な記録なども収載されている。さらに注目すべきは、明治維新前後における八瀬童子の動向が記されていることである。なお明治以降の動向については、もう一冊村に伝えられた『八瀬村記録』（明治五年成立）なるものがあり、これに次ぐ内容の性格のものであったことが知られる。しかしこの『八瀬村記録』については現在所在不明のため、このたびの研究には残念ながら活用できなかったことが悔やまれる。

図42　『後要用記録大帳』の表紙部分

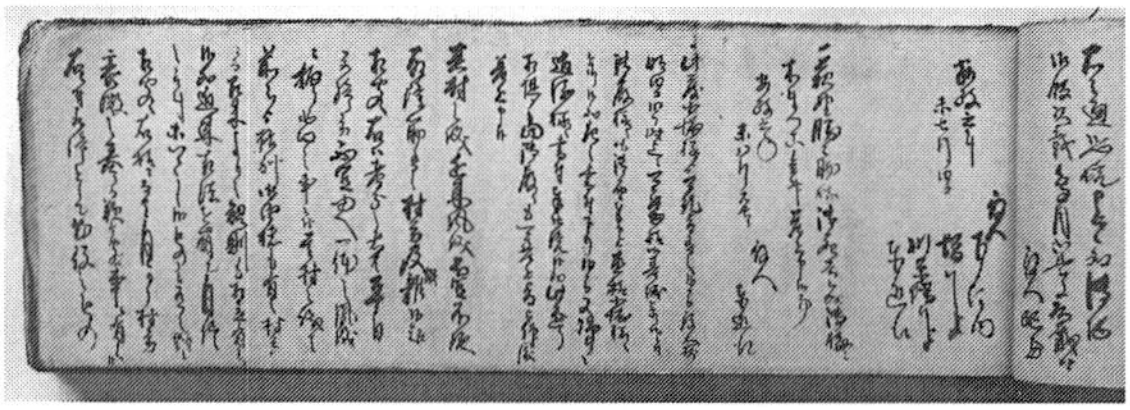

図43　『後要用記録大帳』の記述部分

さて明治時代を迎えると、再び八瀬童子にとって大きな転機がやってきた。それは江戸時代まで連綿と許されてきた諸役免除の特権のゆくえについてだった。結果として、八瀬童子には租税の実質免除という行政措置が下されたのだったが、この驚くべき措置の顚末を『後要用記録大帳』は的確に伝えている。

さらに八瀬童子にとっては租税の免除だけに及ばず、皇室に輿丁《よちょう》として仕えるという栄誉も合わさっていた。以降昭和二十年（一九四五）の終戦時まで、八瀬童子は租税免除の存続と皇室への奉仕を貫くのだったが、その草創期のようすをしっかりと記録しているのであった。

なお同帳では、そのほかに一見すべき史料が含まれている。それは寛保三年（一七四三）六月付山城国愛宕郡《おたぎぐん》八瀬村明細帳である。この明細帳は『後要用記録大帳』の最末尾に収録されている。注記として明細帳冒頭に「左ノ明細発見候ニ付、後年ノ参考トモ可相成ト思量セシニ依リ、今茲ニ転写シ置ク（明治四十四年八月廿七日）」と前書きされている。

この明細帳によって、延暦寺との結界争論以降における江戸時代中期八瀬村の概況を把握することができるのである。ちなみにこの明細帳によると、八瀬村戸数一一一戸、男二九九人・女二六五人。禁裏へは鮎（五月上旬から八月下旬まで）・栗・栢を、奉行所へも栗・栢を献上していたことなどの情報が詳細に記されている。

明細帳は明治四十四年に至って発見されたため大帳末尾に書かれ、そしてかかる明細帳の筆写をもって、この大帳の記録は終わっている。

『八瀬記』・『八瀬記　続』と『後要用記録大帳』は、八瀬および八瀬童子の長きにわたる歩みを史料によって書き継いできた貴重な記録だった。この記録こそ八瀬童子にとっては正史であり、必ずのちの世に継承していかねばならない宿命のものだったのである。

現在でさえも、これら記録に記されたことはしっかりと皆に周知されており、その内容は八瀬童子の誇りとなっている。

第十一章　赦免地踊〈特権の歓喜は祭礼へ〉

一　赦免地の喜び

八瀬童子と比叡山延暦寺の間に起こった山林境界相論は、宝永七年（一七一〇）七月に終結した。約一年半にわたる争議によって、八瀬童子は比叡山への入山往来に大きな制限を受けることとなった。しかし幕府の配慮によって、村高二七〇余石のうち、従来からの禁裏御料六三石以外のすべての年貢諸役が免除されることになったことは、すでに述べたところである。

八瀬童子の歓喜たるや、その当時は大変なものだったに違いない。そうしてこの年貢諸役免除を記念して始まったのが、赦免地踊だったのである。赦免地踊の芸態については次節に譲ることとして、本節ではそのきっかけについて、今少し詳しくみておきたいと思う。

赦免地踊とは、八瀬の鎮守社である天満宮社の例祭「秋元祭《あきもとさい》」のなかで行われる芸能である。正確には天満宮社境内社秋元神社の祭礼である。この秋元神社や秋元祭の秋元とは、江戸幕府老中秋元喬知《たかとも》のことである。八瀬では幕府裁許が下された時から、老中秋元が八瀬村に有利な裁決を導いた偉人としてあがめられたのであった。そしてこの遺徳をいつまでも忘れることのないよう秋元を神として祀り、かかる秋元祭が後世にわたって行われるようになった（なお『八瀬記』によると秋元祭は「綸旨祭」と記されており、「綸旨の宮」で行われた祭りであったことが知られる。当初は、秋元神社で行われる秋元祭と称していなかったことがわかる。なおその後の史料によると「秋元御社祭礼」には、秋元家から下賜金を拝領するようになったことが知られる。秋元家と八瀬童子の新たな関係の始まりだったともいえよう）。

図44　秋元神社（天満宮社本殿の右側に鎮座）

宝永七年七月の幕府裁許があってからのちに、八瀬童子は再度江戸の秋元のもとへ礼に出向いている。秋元には山椒皮を献上し、かわりに祝儀として銀三枚を拝領している。

秋元は、幕府裁許があった四年後の正徳四年（一七一四）八月に死去。その人物評たるは、老中にふさわしい人格であったといわれている。ただし将軍徳川綱吉に寺領境界改めを願い出たのが日光山輪王寺門跡公弁法親王《こうべんほっしんのう》ほどの実力者では、いくら八瀬童子が愁訴したところで、老中秋元が手腕を発揮してかなう相手ではなかったのである。ところが次の将軍徳川家宣の代になると、形勢が一気に好転したことは事実だった。ただし秋元自身による政治工作で成就したことでなかったことは、先に述べたとおりである。

そもそも幕府内部の政治動向などについて、当時の八瀬童子は知るよしもない。したがって幕府老中職にある秋元がわざわざ八瀬村にまで足を運び、重なる愁訴に対応してくれたこと自体に、童子たちは素直に感謝した。その結果、秋元は神になったと理解するのが自然であろう。

いずれにしても年貢諸役免除による赦免地獲得の事実は、八瀬童子にとって顕彰していかねばならない重要な歴史だった。そしてこの偉業は赦免地踊というかたちでもって、絶やすことなく連綿と伝えていかねばならなかったのである。

二　赦免地踊

赦免地踊は、八瀬において結界争論の裁許以降に始まったとされている。しかしこの踊りを芸態の面からみると、室町時代の風流《ふりゅう》踊りの面影を残しており、その貴重さゆえ昭和五十八年（一九八三）に京都市無形民俗文化財に登録された。現在踊りについては、八瀬郷土文化保存会が中心となって運営している。そもそも洛北地域には、古くから風流燈籠や風流踊りが行われていたことが知られており、左京区久多《くた》の花笠踊（京都市無形民俗文化財）も、同じく風流の燈籠踊りとして有名である。また最近では、隣町の大原でも風流踊り（花おどり）があったことがわかっている。

では赦免地踊とは、どのような祭りなのかを紹介しておきたい。祭礼日は『八瀬記』によると毎年九月十一日であったことが知られるが、近年までは十月十日の祝日に定めていた。しかし現在では祝日が毎年変わるため、十日に近い日曜日となっている。赦免地踊は燈籠踊りとも呼ばれ、その燈籠である切子燈籠の存在が注目される祭りである。切子燈籠とは、人や動物などの精巧な図柄を彫って燈籠に貼り付けた形状のもので、四つの花宿から各二基、計八基の燈籠が神社に向かう。

祭り当日には、切子燈籠を頭上に載せた女装の男子（燈籠着《とろき》）八名とその警護役、女子の踊り子役一〇名程度、新発意《しんぼち》二名、太鼓打ち一名、太鼓持ち二名、音頭取りの一団が、夜になると各花宿から伊勢音頭を囃しながら集合して、それから秋元神社へと向かうのである。神社の石段にかかると「道歌」が歌われ、さらに燈籠着が境内を回る。次に仮屋の舞台において、踊り子たちが「潮汲踊」などを演じる。午後七時から九時頃まで行われる夜の祭りで

図45　燈籠着（平成18年度、左から玉置将大君・石田治貴君・深田一成君・佐藤風君）

図46　燈籠着　後ろ姿

ある。

以上が赦免地踊の概要であるが、この祭りを詳細にみていくと、実にすばらしいものであることがわかる。まず切子燈籠である。これは全八基で構成されているが、現在一年に四基（二対）が新調される。一対が同絵柄になっており、各燈籠に貼り付ける透かし彫りは半年前からとりかかる。紙を切る極めて緻密な技術は、日頃からの訓練なしでは制作不可能であ

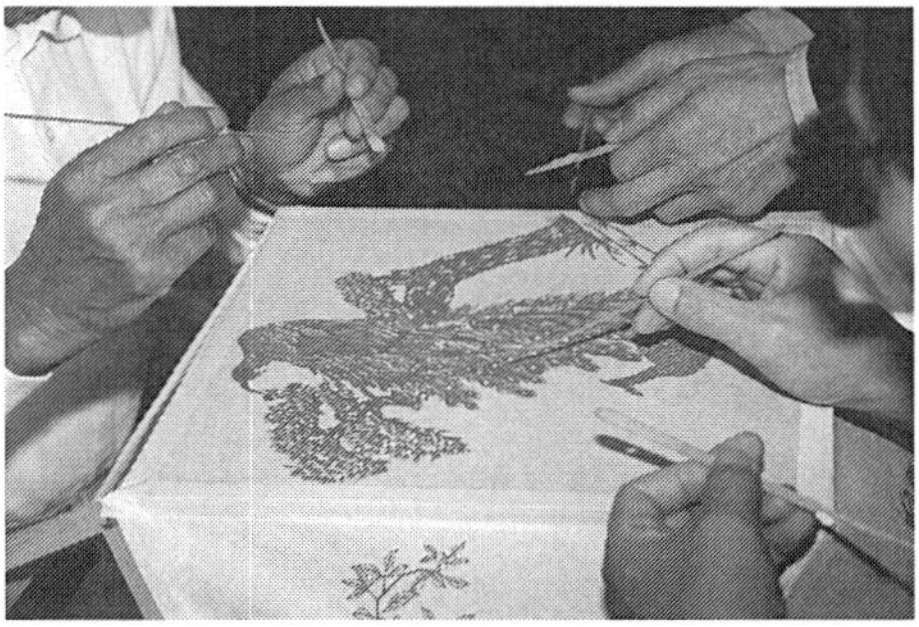

図47　切子燈籠の制作風景
（燈籠に切り絵を貼る）

図48　音頭に合わせて境内を回る燈籠着

る。もっぱら赦免地踊の彫刻部が行っており、技術伝承も兼ねて京都市立八瀬小学校では燈籠教室も開催している。祭り当日、点火した燈籠を頭上に載せて歩く燈籠着役八名は、女装の男子（中学生）である。当日の午後五時から着付けを始め化粧もして、七時には各花宿にて待機する。祭り終了まで緊張の連続となる。

図49　境内に設けられた台座上の太鼓打ち・太鼓持ち・音頭取り

赦免地踊を歌にて盛り上げるのは、音頭部の役割である。現在若者男性一六名から構成されており、太鼓打ち・太鼓持ち・音頭取りの役割を分担している。太鼓と音頭は、常時切磋琢磨なしでは身につかない難しい役である。

祭り当日、境内仮屋の舞台にて美しい衣装と化粧をした少女（八瀬小学校六年生全員）の踊り子が、「潮汲踊」から「狩場踊」に至るまで、いく種類もの踊りを演じる。本日の三日前からは、踊り子の踊り部と音頭部の合同練習が八瀬小学校講堂で行われる。現在、八瀬地区あげての赦免地踊は、学校教育のなかにも取り込まれているのである。

なおこの祭りは、仮屋舞台の上において踊りと踊りの合間に、さまざまな演目が行われる。いわゆる俄狂言に相当するもので、祭りとしての古態を継承していると思われる。山間村落八瀬の一年を通して、最もハレの儀として大切に守り通してきた慣習であり伝統だったのだ。老中秋元喬知を祭神とする神社の祭りにふさわしく、音頭は秋元を追善する鎮魂のリズムである。八瀬童子たちは心から赦免地を感謝し、その気持ちを風化させない手段をこの祭りに求めたのだった。赦免地踊には、八瀬童子の魂が受け継がれている。

第十二章　特別積立会から八瀬童子会へ〈さらなる特権の継続〉

一　明治時代の幕開け

明治時代を迎えると世上は一変し、当然のことながら八瀬にも大きな転機が訪れた。そのなかで最大の試練は、八瀬童子に課せられた租税だった。すでに述べてきたように、八瀬童子に対する年貢諸役免除は幕末まで存続した。しかし明治政府による全国民の納税義務は、当然のことながら八瀬童子にも変わりはなかった。

おそらく八瀬童子は、早々に明治政府へ陳情したものと察せられる。この間の詳細は定かでないが、明治四年（一八七一）十一月には、以下のような京都府令が出されている。

山城国愛宕郡八瀬村

村高弐百七拾壱石九斗七升六合之内

高弐百八石七斗四升弐合免許高
右免許高、建武以来連綿綸旨頂戴罷在、旧幕政務中宝永七年寅年より更ニ年貢諸役一切免除之証文相渡有之候得共、当辛未年より租税上納申付候、尤取調之上、更ニ相当之手当可下渡候事、

明治四年辛未年十一月

京都府（印）

これによると、政府（京都府）は前近代における八瀬童子の長年にわたる年貢諸役免除の由来を承知したうえで、租税上納を命令している。しかし調査の結果、相当の手当金を与えるといった旨が記されているのである。この手当金とは、一二八五円余の御下賜金だった。八瀬童子はこの現金を積み立て、その利子金運用でもって年四一七円余（明治九年以降）の租税上納の術を模索した。しかし手当金とは一時金に過ぎず、運用状況は厳しくなり、行く末の不安は募るばかりだった。

二　租税免除と特別積立会の設立

ところが、かかる状況を一変するできごとが起こった。その顚末を『後要用記録大帳』は、詳細に記録している。やや長文ではあるが、明治という新時代を迎えた八瀬童子にとって大

変重要な史実が叙述されているため、租税賦課にかかわる必要箇所のみ翻字することにする（なお『八瀬童子会文書　増補』叢書京都の史料4には、翻刻されていない史料である）。

明治十六年六月十三日、右大臣公爵岩倉具視公、宮内少輔香川敬三氏（維新前ノ鯉沼伊織・後年香川伯爵）ヲ従へ京都へ出張（旅館俵屋）（岩倉公ニハ維新前騒動ノ際、当村へモ隠遁セラレシコトアリ）、夙ニ公ハ本村ガ古来ヨリ皇室接近シ、忠実ニ御用ノ何タルヲ問ハズ奉仕シ、殊ニ維新前ノ騒動及江戸城へ御進幸ノ節、御鳳輦奉舁、御用等他村ニ比類ナキ忠勤ヲ知悉セラル、ヲ以テ、随行官香川氏ニ旨ヲ含メテ、本村々治上ノ状況ヲ取調アリ、同十六年十月京都へ出張ノ砌、岩倉公爵ハ既ニ同年七月二十日薨去セラレシモ其意志ヲ襲キ、当時戸長長谷川半兵衛ヲ旅館ニ召シ云ハル、ニハ、其村ハ往古ヨリ租税特免ノ村柄ナリシガ如何致居ルヤ抔、種々御尋ヲ蒙ル、茲ニ於テ戸長ハ率土ノ浜皇土ニ非サル無シノ諺ノ通リデ、維新以後ハ皇室トノ縁故モ随テ薄ラギ、剰へ他町村同様、租税ヲ賦課セラルレトモ、如何トモ詮方ナク皆皇命ニ服シ、日夜家業ニ励精シ、未タ一人ノ滞納者ナク、殊ニ御東遷其他ニ於テ供奉仕候モノハ、尓今宮内省ニ奉仕スルノ光栄ヲ有ス、且又忝ナキコトニハ、明治四年十一月租税被申付候節、取調ノ上更ニ相当ノ手当可下渡候事トノ趣京都府庁ヨリ被達、一同此旨ヲ奉体シ、拮据経営無怠相働居候処、明治十年一月中京都府庁ヨリ為御手当金千弐百八拾五円八拾九銭九厘御下渡相成タレハ、右御金ハ永世貸附置キ、其利子ヲ以テ租税ニ充テン覚悟ニテ利殖シ、現在金弐千円余ニ達シアリト答フレハ、少輔殿ニハ其殊勝ノ心掛ケニ感シ、一層其金及各自所有ノ地券状ヲ宮内省ニ預ケ入ルレハ、毎年地租金全部（総額四百拾七円五拾五銭六厘ニシテ、村内ノ地所ハ壱ケ所タリトモ他町村人ノ所有ニ移リ居ルモノ無シ）下渡遣ス故、其金ヲ以テ地方庁ヘ上納シテハ如何トノコトニ付、戸長ハ夢カト計リ驚キ、斯ル御慈悲深キ旨ヲ御内示シ下サル、モ、皆祖先ノ忠勤ヲ尽シタルニ依ルモノ歟ト転《ウタヽ》感涙ニ咽ヒ、誰トシテ之ヲ辞スルモノアランヤト雀躍シ、然ラハ之ヨリ帰村一同ニ諮リシ上、正式ニ出願スヘケレバ、何卒特別ノ御取計ヲ蒙リ、速ニ願意御採納相成様願置帰宅（願書ノ草案ハ、香川氏随行員松尾宗顕氏ノ手ニ成ル）、

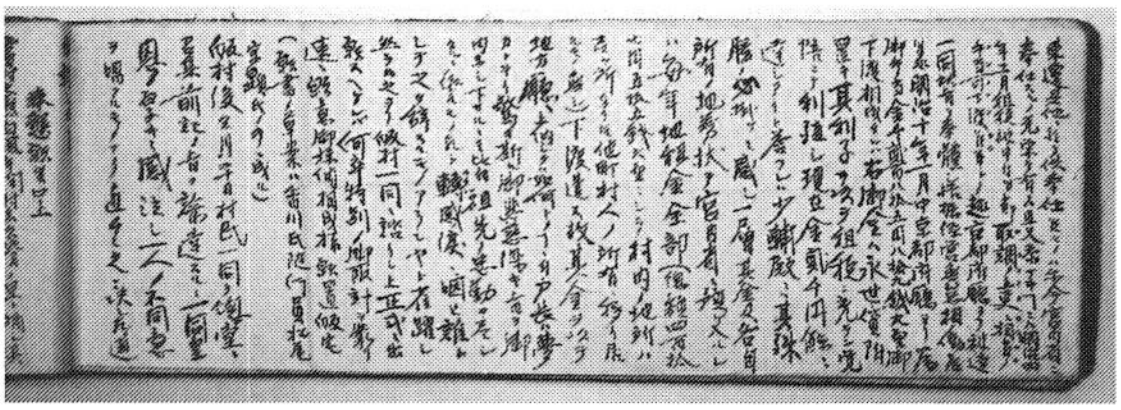

図50　『後要用記録大帳』の部分
（租税免除にいたる経緯が記されている）

この史料は、八瀬村村長岩松友次郎（明治十六年当時は村役場吏員）の見聞録である。要約すると次のようになる。明治十六年

（一八八三）六月、右大臣岩倉具視は宮内少輔香川敬三（一八三九〜一九一五、水戸藩尊攘派藩士、岩倉具視に仕える、皇后宮・皇太后宮大夫、枢密顧問官）を従えて京都に来た。そして八瀬童子と皇室の関わりを調査。同年十月、香川は再び京都に来た。同年七月に岩倉は他界していたが、香川は岩倉の意志を継ぐ。香川は八瀬村戸長長谷川半兵衛を呼びつけ、八瀬村が往古より租税免除の訳を問う。長谷川はその経緯を説明。香川はかかる八瀬童子の現状を鑑み、政府からの手当金（当初の下賜金に利金を加えた額二〇〇〇円）と八瀬童子の地券（二一二八枚）を宮内省に提出することを提案。かわりに地租金全額を毎年下賜。それを京都府へ毎年上納するといった方法を指示したのであった。

この香川敬三の発案によって、再び八瀬童子は実質上税免除の特権を有したのだった。なおこの発案を基に、香川の随行員松尾宗顕の手によって、八瀬童子から宮内省への正式依頼書（願書）の草案が作成。同年十一月十五日付にて、宮内卿徳大寺実則宛八瀬村願書が提出されたのだった。この願書のなかには、八瀬童子のもうひとつ大きな条件として、皇居へ輿《よ》丁《ちょう》として出仕することも記されていた（輿丁については第十三章を参照）。輿丁奉仕の制度化も香川の考えだったと思われる。税の免除だけでなく、輿丁となることによって現金収入と皇室奉仕の両面を八瀬童子に保証したのであった。

明治十七年（一八八四）一月三十一日付にて、地租金等に関し京都府知事北垣国道から八瀬童子へ正式認可の書類が届けられた。これ以降八瀬童子は太平洋戦争終結まで、租税免除が保証された。そこでかれらは地租にかかわる恩恵に、組織的秩序をもって対処することを考えた。これが八瀬村特別積立会だった。同会規約（明治四十四年三月六日付）には構成員たる八瀬童子の権利と義務が定められている。毎年宮内省から拝受する地租金額（四一七円

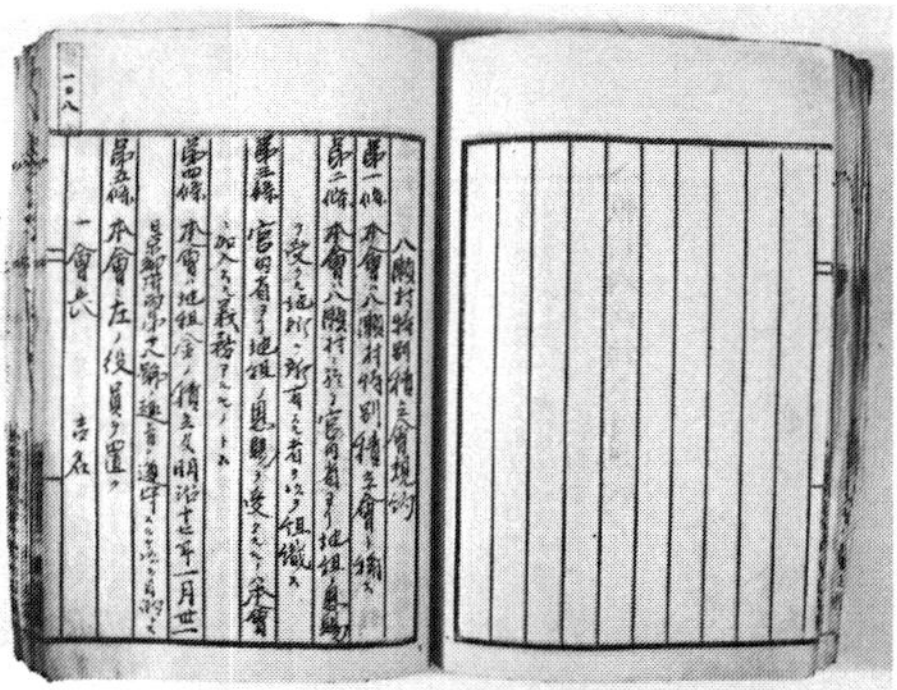

図51　八瀬村特別積立会規約

図52　復租紀恩碑
（天満宮社参道、一の鳥居近くに建立）

余）のうち、半額を会にて積立利殖することとなっていた。会員が輿丁として上京する時には現金の支給など、資金の有効的利用が図られた。なお大喪や大礼時の謝礼の下賜金も一部分が積み立てられた（明治四十年十一月には租税免除を記念して、復租紀恩碑が天満宮社参道に建立された）。

特別積立会とは、八瀬童子が近代以降における社会的保証を確認し合った組織だった。前近代からの歴史的特権を踏襲できたことへの証でもあり、また誇りでもあったのである。

三　八瀬童子会の設立

特別積立会は昭和三年（一九二八）七月二十七日、社団法人八瀬童子会の設立をもって解散する。理由は、時代の流れとともに八瀬村にも新住民が居住するようになり、村の概念が昔とは異なってきたためである。そこで時代に適合した組織運営を目指し、改組することとなったのである。以降、この法人が現在に至るまで重要な役割をはたしてきた。

現在の社団法人八瀬童子会定款は、昭和三十三年（一九五八）五月二十五日に改正されたもので、全四一条から構成されている。現代の八瀬童子の活動にも通ずるものであるため、特に興味深い箇所のみを紹介しておきたい。

社団法人八瀬童子会定款

第一章　目的

第一条　本会ハ明治十七年一月三十一日附京都府丙第十八号御達ノ旨ニ基キ、皇室ノ洪恩ト祖先ノ忠勤ヲ欽シ、会員相互ノ親愛ヲ謀リ、共同ノ幸福並ニ一般ノ公益ヲ増進スルヲ以テ目的トス、

第二条　前条ノ目的ヲ遂行スル為メ、左ノ事業ヲ行ウ、

一、旧例ニ依ル皇室祭典ノ奉仕、

二、旧慣ニ依ル献上、

三、宮内省輿丁ノ勤務、

四、御綸旨御証文、其ノ他八瀬荘ヨリ伝来ノ古書類一切ノ保存、

五、其ノ他、本会ノ目的ヲ達スルニ必要ナル事業、

（中略）

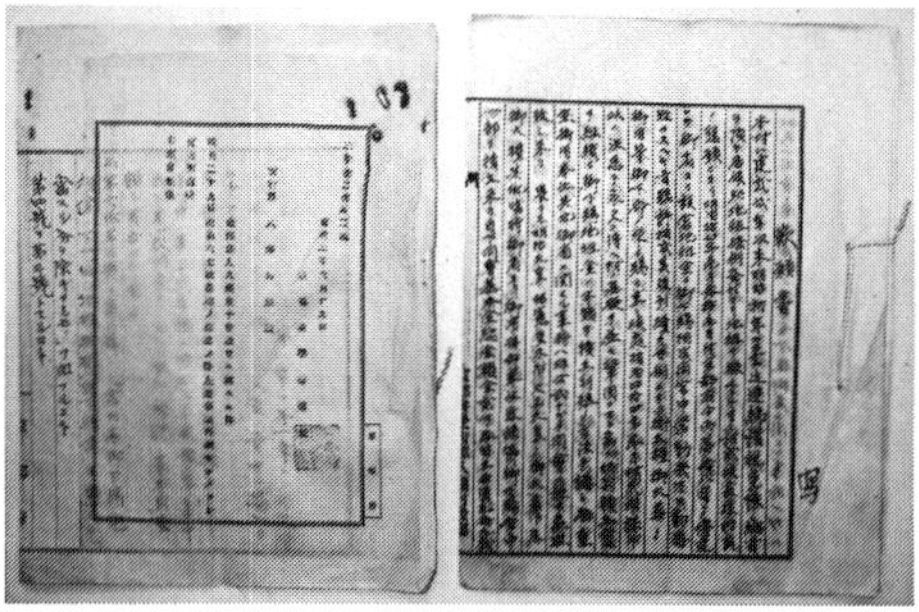

図53　社団法人八瀬童子会設立に関する書類
右：嘆願書（昭和３年１月付）
左：京都府依頼書（昭和３年６月付）

第十八条　本会ニ総裁及顧問ヲ置ク、

総裁ニハ近衛公爵ノ当主ヲ推戴ス、

顧問ニハ京都府知事並ニ宮内庁京都事務所長ノ職ニアルモノ及元童子会長ヲ推戴ス、顧問ハ本会ノ諮問ニ答ウ、

（後略）

定款の第一条・第二条は、いわば八瀬童子会の基本理念が記されている箇所である。第一条には皇室と祖先への尊崇が記され、これに依拠した会員相互の公益増進が約されている。第二条には事業の詳細が記されるが、このなかに伝来の古文書の保存がある。いかに古文書類が重要視されていたかを知らされる（なお終戦以降は新憲法のもと、租税の免除と輿丁の制度はなくなる）。第十八条には総裁・顧問が書かれている。近衛公爵・京都府知事・宮内庁京都事務所長といった者たちは、いかにも八瀬童子の前近代からの歴史に裏付けられた人物であることがわかる。単に地位ある人物をあて職として置いている訳ではない八瀬童子の本質をうかがうことができるのである。社団法人八瀬童子会定款の存在から、現代社会においても力強く生き続ける八瀬童子のすがたを看取することができよう。

第十三章　輿　　丁〈天皇の輿を担ぐ〉

一　輿丁としての八瀬童子

明治時代を迎えた八瀬童子にとって、租税免除の代償のひとつに皇居での輿丁《よちょう》勤務があった。輿丁とは正式には駕輿丁《かよちょう》という。天皇が主に皇居内を移動する時に乗る輿《こし》を担ぐ仕事だった。そもそも八瀬童子は、江戸時代においても臨時の輿丁を勤めてきた。朝廷との関係を大切にしてきた彼らにとって、祝賀の献上や臨時の労働とともに、輿丁奉仕は大切な仕事のうちだったのである。

明治時代に入るや、明治元年（一八六八）九月二十日、明治天皇が東京へ行幸（十二月二十二日帰京）する際には、八瀬童子も輿丁としての役目をはたした。この時の供奉《ぐぶ》した人数は、四八名であった。さらに同二年（一八六九）三月七日の再幸では、八瀬童子六〇名が奉

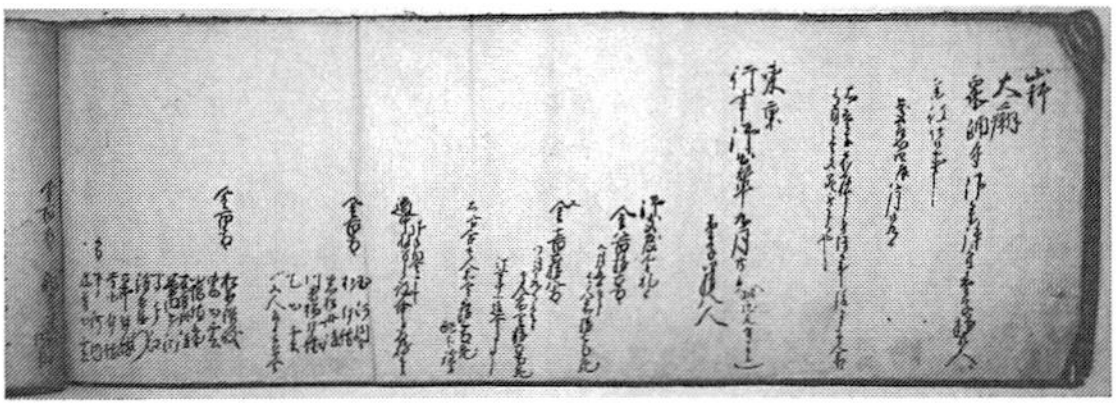

図54　明治天皇東京行幸輿丁奉仕の記録
（『御要用記録大帳』所収）

仕した。各奉仕にあたっては、支度金が政府から拠出されている。以降、幾人かの八瀬童子は皇居在勤の輿丁としての任についたのであった。明治初年における八瀬童子の輿丁としての行動は『後要用記録大帳』に明記されている。特に明治時代初期における八瀬童子の行動記録については、以下のような叙述が付記されている。

　明治五年壬申ノ年ヨリ以後、明治八年地租改正前ニ於テ、聖上・皇后・皇太后、東京へ御還幸、輿丁トシテ村民中数回供奉ヲ命セラレ候得共、何等ノ拠ルヘキ書類無之、遺憾ナカラ茲ニ其旨ヲ特記ス、

八瀬童子会文書中には、明治時代初頭における輿丁奉仕の証憑類は残っていない。しかし『八瀬記』『後要用記録大帳』に記載された記録によって、江戸時代から明治時代にかけて八瀬童子が輿丁として活躍したことが確認できる。大きな時代の変化のなかにあっても、八瀬童子は朝廷・皇室とのかかわりから遠のくことはなかった。

二　宮内省職員として

明治時代初頭、皇居（江戸城）において八瀬童子がいかなる処遇で輿丁奉仕していたかを物語る史料は残っていない。ただしかれらがある意味で、特殊な職能者としての扱いを受けていたことは事実であった。すでに第十二章で触れたように、明治十六年（一八八三）には租税免除の代償として、八瀬童子の輿丁勤務が制度化された。制度化といってもあくまでそれは形式的なことであって、実際は八瀬童子に対するさらなる生活保障の手段であった。限定された人数とはいえ、定期的にかれらを宮内省職員として採用し続けることによって、八瀬童子に現金収入の道を保証したのであった。このような英断ができたのは、岩倉具視配下の香川敬三による政治的判断があったからにほかならないであろう。

では次に、かかる輿丁について詳しくみておきたい。

図55　皇居吹上御所にて輿を担ぐ八瀬童子
（昭和14年７月12日撮影）

宮内省職員として任用なった場合、役職名は宮内省仕人《つこうど》兼輿丁《けんよちょう》（のちに宮内省仕人《つこうど》典輿丁《てんよちょう》）という名称で辞令が出された。なお役職に仕人とあるように、輿丁の公務以外にも天皇の間近にあって雑務に携わる仕事も含まれていた。

さて主任務たる輿丁については、「明治十九年（一八八六）十月　輿丁交代方法幷入費賦課法規約」によって、輿丁としての規律を詳しく知ることができる。以下、必要箇所（条文）を抄録することにしたい。

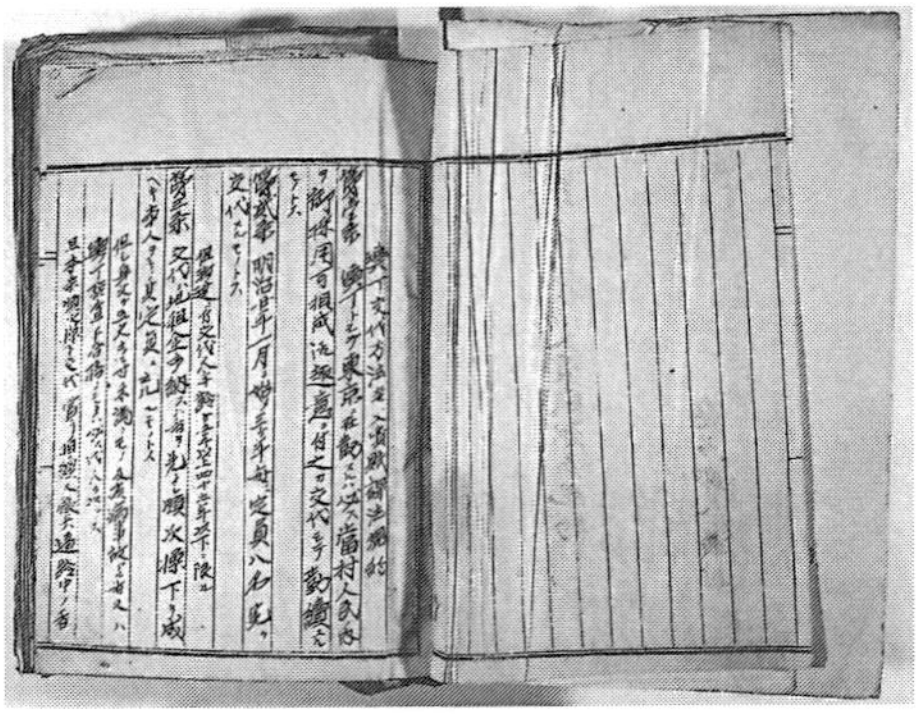

図56　「輿丁交代方法幷入費賦課法規約」（明治19年10月付）

第壱条　輿丁トシテ東京ニ在勤スルハ、必ス当村人民ノ内ヲ御採用可相成御趣意ニ付、
之カ交代シテ勤続スルモノトス、

第弐条　明治廿年一月ヲ始メ、三ケ年毎ニ定員八名宛ヲ交代スルモノトス、
但御達ニ付、交代人年齢廿五年以上四十五年以下ニ限ル、

第三条　交代ハ地租金多納スル者ヲ先トシ、順次繰下リ、成ヘキ本人ヲシテ其定員ニ充

ルモノトス、
但シ、身丈五尺壱寸未満ノモノ、及疾病事故アル者、又ハ輿丁検査不合格ノモノハ、必ス代人ヲ以テス、
且、本条順次繰下交代ニ当リ、相続人徴兵適齢中ノ者、同年氏神守当タル者ハ、翌交代ニ廻ス、実決ノ刑ニ処セラレ、身代限リノ処分ヲ受ケ、未夕負債ノ弁償終ヘザル者ハ、輿丁タルコトヲ得ス、

第八条　輿丁勤務中之者、実家ニ於テ観聞ニ忍ビザル事故ヲ生シタルトキハ、役場員村総代ヨリ其事実ヲ聞糺シ、便宜協議之上、相当ノ救助金ヲ与フルモノトス、
但シ、在勤人戸主非戸主、又ハ平素ノ家業ノ形況ヲ視察シ、救助金甲乙丙ニ区分ス、本条ノ救助ヲ代人ヘ与フル際ニ及デハ、其額ヲ極メ、依頼者ヨリ租税割之外割書ノ通リ出金スベシ、（地租廿円以上納ムル者ハ十分ノ三、廿円以下十円以上ノ者ハ十分ノ二、十円以下弐円以上納ムル者ハ十分ノ壱トナス）

第拾弐条　勤務中ハ相互ニ勉強シ、同勤ノ者ヨリ不品行ト認ムルトキハ、互ニ何条某ハ斯々之品行又ハ随勤ノ旨、当村役場及村総代エ通知スル者トス、該通知ニヨリテハ詮議之上、臨時交代ヲ取計フコトアルベシ、

第拾三条　交代人往復ノトキ、仮ニ村総代トシテ五人ヲ撰シ、隣村堺迄送迎スルモノトス、
但シ荷物ノ類ハ、夫役順番ノモノヲ以テ、京都便宜ノ地迄送迎ナスモノトス、

（以下は翌月改正部分の抄録）
第壱条　検査ヲ分テ四則トス、
　第一則　年齢　　第弐則　体格　　第三則　力量　　第四則　読書算学
第二条　第一則ハ年齢満弐拾三歳以上四十五歳以下ノ者、
　但年齢ヲ算スルニハ、廿年一月ヲ以テ期トス、
第三条　第二則ハ身体強壮、身長五尺四寸五分以上ノ者、
第四条　第三則ハ其科目ヲ分テ二トス、
　担力（三十貫以上ノ重量ヲ左右ノ肩ニテ擔ヒ得ルモノ）
　脚力（重量ヲ擔ヒ長駆シ得ルモノ）
第五条　第四則ハ左ノ如シ、
　読書ハ仮名文解読、

算学ハ加減乗除、

規約は当初一三カ条であったが、翌月には改正され全一二カ条をもって構成されている。なお以後は必要に応じて改正されたようであるが、本稿では初期の規約を紹介しておくこととする。内容は輿丁としての資格・条件・勤務形態・交付金額などが明記されているが、特に知っておかねばならない概要を以下にまとめておく。

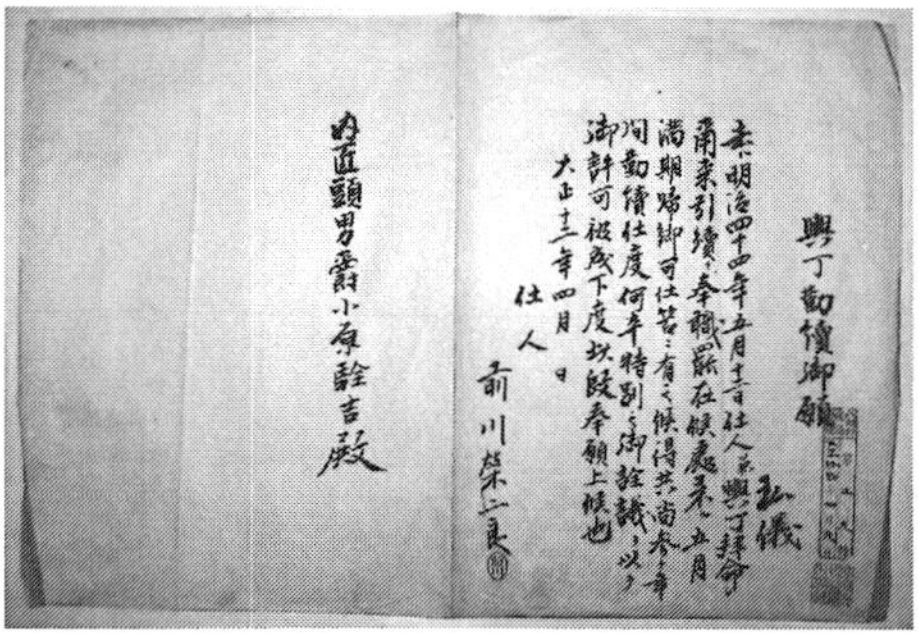
輿丁勤續御願

私儀

去ル明治四十四年五月十三日仕人兼輿丁拝命爾来引續キ奉職罷在候處来ル五月満期帰郷可仕筈ニ有之候得共尚参ケ年間勤續仕度何卒特別ノ御詮議ヲ以テ御許可被成下度此段奉願上候也

大正十二年四月　日

仕人

前川榮三良

内匠頭男爵小原駩吉殿

図57　輿丁勤続願（大正12年４月）

輿丁人員は全一六名で、明治二十年（一八八七）一月から三カ年毎に八名を交代。再任用は可能。年齢は二三歳以上、四五歳以下。身長は五尺四寸五分以上。担力は両肩各三〇貫以上が可能。脚力は重量の長駆が可能。学力は仮名文解読、加減乗除計算可能。家庭の不都合や身体的問題がない限り、率先して上京し真摯な態度で勤務することが求められた。輿丁とは、皇居のなかにあって常に天皇と近接した条件で仕える特殊な公務だった。したがって品行方正が厳しく求められた。それだけにかれらが役目を交代せんと帰郷や上京したりする時、村ではねぎらいの意を込めて、隣村境まで送迎することが慣例となっていた。

明治時代以降、八瀬童子が宮内省職員として採用されたことは、後醍醐天皇以来の故事にふさわしくもあり、八瀬童子の歴史のなかで特筆すべきこととなった。そしてこの輿丁の就任は、さらにその存在を全国に知らしめる大役へとつながった。その大役とは、大喪《たいそう》（天皇・三后の葬儀）と大礼《たいれい》（天皇即位の儀式）における輿丁奉仕だったのである。

第十四章　大喪と大礼〈全国の注目を集めた八瀬童子〉

一　大喪・大礼に奉仕

明治時代以降、皇居において天皇の輿を担ぐ輿丁《よちょう》として皇室勤務となった八瀬童子にとって、さらなる大役が訪れた。その大役とは、大喪《たいそう》と大礼《たいれい》の時における輿丁の仕事だった。大喪とは天皇・三后の葬儀、大礼とは天皇即位の儀式をいう。すなわち葬儀の時には葱花輦《そうかれん》を担ぎ、即位の時には鳳輦《ほうれん》を担ぐ（実際には葱花輦を担いだ）といった大役だったのである。これは江戸時代、八瀬童子が朝廷における輿丁としての働きや、さらに明治時代以降の輿丁奉仕を勘案したうえでのことだった。したがって従来八瀬童子が紹介される時、大喪や大礼時における輿丁役が際立ったところから、あたかもこの仕事を昔からの伝統としてきた特殊な人々であったがごとくいわれるが、これは誤りである。あくまで明治時代以降の職務であって、しかもこれは八瀬童子にとって、公務としての輿丁の延長線上にあった大役だったのである。八瀬童子が輿丁として大きな役割をはたすようになった流れをくみとっていただけたであろうか。

さて大喪・大礼の輿丁役に際してであるが、これはあくまでそのつど八瀬童子から願書を宮内省に提出し、受理されたうえで辞令が出されるといったものだった。明治時代以降初めての天皇葬儀たる明治天皇大喪では、宮内大臣宛の八瀬童子願書（「明治天皇御大喪儀ニ関スル書類」）が残っており、そこには輿丁供奉《ぐぶ》の先例がしたためられている。葬儀輿丁供奉の前例を知る貴重な史料でもあるため、以下この願書を紹介する。

御大喪ニ付、先例ニ依リ、駕輿丁供奉仕度御願

天皇陛下崩御被為遊、恐懼ニ至リニ不堪、謹テ拝命御罷在候、就テハ古例、

安政三年七月廿三日、新待賢門院様御葬送ノ節、当村民五拾五名駕輿丁トシテ供奉仰付ラル、

明治十四年十月廿日、故淑子内親王御葬祭ノ節、村民六拾参名供奉仰付ラル、

同二十四年十一月九日、故朝彦親王御葬祭ノ節、村民七拾名供奉仰付ラル、

同三十年二月七日、英照皇太后御大喪ノ節、村民七拾四名供奉仰付ラル、

同四十二年十二月十五日、賀陽宮邦憲王殿下御葬儀ノ節、村民六拾名供奉仰付ラル、ニ依リ、何卒特別之御詮議ヲ以テ、今回モ同様駕輿丁供奉被仰付度、此段奉懇願候、以上、

大正元年七月卅一日

京都府愛宕郡八瀬村民総代
八瀬村長　岩松友次郎

宮内大臣伯爵渡辺千秋殿

明治天皇崩御は、明治四十五年（一九一二）七月三十日。その翌日には八瀬村長が上京し、輿丁奉仕の願書を宮内省主殿寮《とのもりょう》に提出している。したがって八瀬村では崩御に備え、願書提出の準備が進められていたと思われる。さてその願書には、葬儀輿丁供奉の歴史的経緯が述べられている。これによると、安政三年（一八五六）・明治十四年（一八八一）・明治二十四年（一八九一）・明治三十年（一八九七）・明治四十二年（一九〇九）の五回にわたる輿丁奉仕が記録されている。なかでも明治三十年の英照皇太后（明治天皇の嫡母）大喪は、八瀬童子にとって一番身近な時期の大喪経験だったといえる。「明治天皇御大喪儀ニ関スル書類」（次節で紹介）の中には、英照皇太后大喪のことがわずかながらも記されている。

現在大正天皇大喪と昭和天皇大礼に輿丁奉仕した八瀬童子の家には、当時の輿丁装束が大

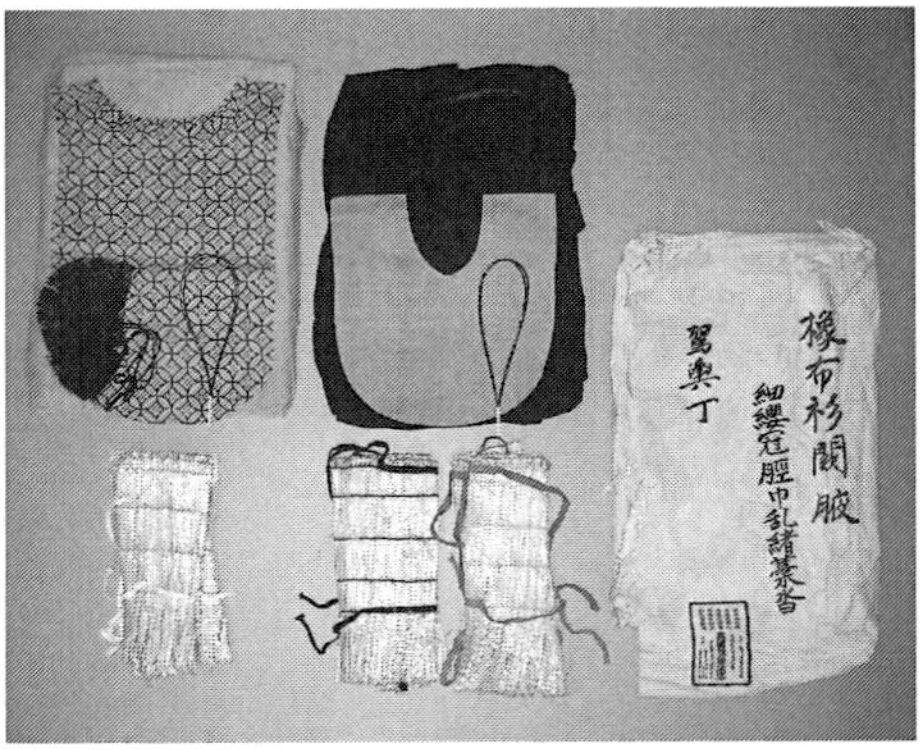

図58　大喪・大礼の装束
左：昭和天皇大礼
中央：大正天皇大喪
右：大喪装束の貼紙

切に残されている。奉仕後に下賜されたものであるが、一回しか使用していないものだけに傷みはほとんどない。八瀬童子にとって、この装束は単なる記念品ではない。脈々と続く八瀬童子の歴史を今に証明する、貴重なる歴史遺産なのである。

二　明治天皇大喪の場合

では実際に八瀬童子は大喪・大礼の輿丁をどのようなかたちで務めたのかを、明治天皇大喪を事例としてみておきたい。この場合、八瀬には「明治天皇御大喪儀ニ関スル書類」と題した分厚い簿冊が残されている。これは大喪奉仕にかかわる詳細な日誌や、収支決算などの出納記録が合冊された貴重な史料である。したがってここでは、明治天皇が崩御してから大喪の儀に至るまでの八瀬童子の活躍ぶりについて、かかる史料中にある「明治天皇崩御前後ニ係ル八瀬村日誌」を中心にみていきたいと思う。

▼明治四十五年七月二十日　明治天皇の様態悪化にともない、状況問い合わせの電報を八瀬村長から宮内省主殿頭宛に打つ。

▼七月三十日　明治天皇崩御。八瀬村長は主殿寮出張所（京都御所）に立ち寄ってから東京に向かう。村内では大喪奉仕の決議がなされる。

▼七月三十一日　八瀬村長東京に着き、宮内省主殿寮に出頭する。大喪奉仕の願書（前節で紹介）を提出し、宮内省から沙汰があるまで東京滞在となる。

▼八月一日　宮内省から沙汰なし。午前中、東京在駐の輿丁五名が村長の宿を訪問。夕方には、同じく輿丁二名が訪問。食事をしながら歓談する。

▼八月二日　宮内省から沙汰なし。午前中、輿丁五名が宿に訪問。夕方、村長は宮内省官吏宅を訪れて饗応を受ける。

▼八月三日　宮内省から沙汰なし。午前中、輿丁一名が宿に訪問。

▼八月四日　宮内省から沙汰なし。来訪客もなし。

▼八月五日　宮内省から電話あり。正午過ぎに主殿寮に出頭。寮頭から輿丁人名の提出を命じられる。村長は早速に帰村。

▼八月六日　村長、午前中に帰村。早速に幹事会を開き、輿丁人員を選定する。夕方、主

殿寮出張所官吏に人員を報告。明日、輿丁となる八瀬童子の身体検査が決められる。

▼八月七日　朝から八瀬小学校にて、輿丁人員の身体検査が行われる。出張所長以下、官吏数名が臨席参観する。昼食には誂えたる折詰弁当が出される。官吏一行は、復祖紀恩碑を見学してから帰京。その後新聞記者四名が取材に来たが、ほどほどの応対で済ます。

▼八月八日　村長は、昨日の身体検査の調書を主殿寮に提出。

▼八月十日　防疫官が八瀬村に来て、昨年来の死亡者や病名等を取り調べる。

▼八月二十一日　八瀬村に急遽衛生委員が設けられ、大喪終了まで各戸の衛生管理徹底が図られる。

▼八月二十二日　村長、主殿寮出張所に出頭。先月三十一日、宮内省に提出した願書に対し、八瀬童子一〇五名に名誉仕人の辞令が交付される。

▼八月二十四日　朝から小学校にて、一〇五名にそれぞれ仕人の辞令が渡される。さらに着用服を新調することが決められる。

▼八月二十七日　輿丁取締役の五名は、伏見に向かう。練習用の御輦の状態、桃山までの電車賃・旅館等の調査のため。

▼八月二十九日　旅費請求書の調印作業。なお輿丁は一名減となり、一〇四名となる。
▼八月三十一日　神社参道にて、輿丁一〇四名の長柄割（肩割）が行われ、数回担ぐ練習がなされる。新しい羽織ができあがり、各人に分配される。
▼九月一日　村長ほか一〇三名、午前四時に村を出発し、主殿寮出張所に集合。所長と官吏から訓示を受けてから、二条離宮において担ぐ練習を行う。
▼九月二日　昨日に続き、午前八時に二条離宮へ着き、担ぐ練習を行う。
▼九月三日　引き続き、二条離宮にて担ぐ練習。大喪使事務官・府警部長・皇宮所長・出張所長・官吏などが参観する。
▼九月四日　引き続き、二条離宮にて担ぐ練習。明日の桃山実地練習のため、全員が三条大橋伏見屋に宿泊する。
▼九月五日　村長以下一〇三名、伏見桃山において鉄道員と連絡練習を行う。府警部長・第十六師団参謀官などが参観する。
▼九月六日　練習は休み。旅費の内渡日のため、代表者が日本銀行支店へ受け取りに行く。
▼九月七日　早朝から桃山にて、鉄道員と連絡練習。内匠頭・諸陵頭・府知事が参観する。午後解散。なお当日夜から上京する五〇名は、三条大橋伏見屋にて準備を調える。村

長以下四九名は、京都駅午後九時発の急行列車にて東京へ向かう。

▼九月八日　午前一〇時新橋駅着。ただちに羽織袴に着替えて、宮内省に出頭する。明日からは、午前八時前に竹橋通用門から入ることを命じられる。午後五時、四ツ谷の旅館に戻る。

▼九月九日　皇居へ徒歩にて出勤。午後から主馬寮構内にて、葱花輦に五〇〇貫の重しを入れて練習する（なお大喪当日の装束を着して記念写真を撮る【図59参照】）。主殿寮・主馬寮・その他高等官が参観する。

▼九月十日　例刻に出勤すれど、御用なし。夜、村長は青山葬場殿内の鉄道員による御輦移動練習を見学。

▼九月十一日　例刻に出勤すれど、御用なし。明治天皇霊柩供奉の辞令を受ける。

▼九月十二日　かかる五〇名に対し特別手当として、金二〇円宛が下賜される。ただし各人には、五円

図59　明治天皇大喪練習風景
（大正元年９月９日、皇居主馬寮構内にて）

宛を内渡す。

▼九月十三日　大喪初日。五〇名は未明に起床し、朝風呂に入り身を清める。午前六時出勤。装束を着用。私服は長持二棹に入れて、桃山へ送付を託す。主馬寮構内にて御車副えの練習。午後二時半、殯宮に入り霊柩の御用をなす。午後六時、村長以下四九名は車寄から殯宮に入り、霊柩を引いて車寄にて轜車に移す。午後八時、出棺。車副え役として二重橋を出て、青山葬場殿へと向かう。その後、霊柩列車へと移す。輿丁全員も宮廷列車に乗り、夜二時発車して桃山へと向かう。

▼九月十四日　大喪二日目。大垣駅付近にて着替えの装束を受け取り、車中にて着替える。午後五時前に桃山駅に到着。八瀬村から参着の輿丁と合流し、霊柩を葱花輦に移し、祭場殿まで奉舁する。その後、霊柩をインクラインに移す。次に葱華輦を輦舎に格納して、すべての奉仕は終了する。徹夜となる。

▼九月十五日　午前七時、大喪使事務官などから感謝の挨拶あり。その後、堀内村の大喪使事務所にて着替え、京阪電車で五条まで来て解散する。

▼九月十六日　八瀬村にて大喪報告の幹事会を開く。

▼十月十一日　大喪でお世話になった人々に、松茸を送る。

▼十月十四日　下賜金配分につき、幹事会を開く。
▼十月十六日　八瀬小学校に輿丁奉仕者全員を集めて決算報告をする。さらに下賜金を全員に分配する。

以上が日誌の要約である。この八瀬村日誌は、大喪奉仕の経過を記録したものではあるが、箇所によっては情緒あふれるところもあり、大変価値ある史料である。この内容を見る限りにおいて、天皇崩御から大喪後の下賜金分配に至るまでの約二カ月半は、八瀬童子にとってまさに怒濤の日々である。なかでも八瀬村長の激務たるは、並大抵でない。

なおこの大喪や以後の大喪大礼においては、注目しておかねばならないことがある。それは下賜金のことである。明治天皇大喪の場合、八瀬童子への下賜金総額は三三八八円。うち、必要経費と輿丁分配総額一七二〇余円（担当役によって分配額は異なる）を差し引いた三七〇余円が、八瀬村特別積立会にまわされた。毎年宮内省から拝受する地租金の半額分と合わせて、さらなる積立利殖の充実が図られたのだった。八瀬童子の結束の度合については、たとえば明治天皇大喪の場合、奉仕せざる者（二六戸分）へも土産代として分配金が支給されていることからも知ることができる。このような連帯の意識こそが、八瀬童子の本質をあらわしているといえよう。

大喪輿丁の任務は、さらに大正二年（一九一三）八月二日の明治天皇御霊代奉遷時まで継続した。この時の輿丁は、御羽車奉舁の役と大正天皇御板輿奉仕の役で、都合一七名の八瀬童子が奉仕した。明治天皇御霊代を御羽車にて皇居の権殿から皇霊殿（宮中三殿）に移す仕事だった。七月三十日上京、八月四日帰村。これをもって、すべての大喪奉仕は終了した。

そして八瀬童子にとって、新たな大正時代の幕開けとなった。以降、大正天皇大礼や大喪

図60　昭憲皇太后大喪
（大正３年５月25日、京都桃山御陵にて）

図61　大正天皇大喪練習風景
（昭和２年、東京にて）

図62　昭和天皇大礼
（昭和３年11月７日、京都駅前にて）

にも輿丁として従事することとなったのである。八瀬童子の大喪大礼における輿丁としての活躍ぶりは、全国に報道され、すっかり有名人となった。大正天皇大喪時の日誌では、八瀬童子一行が上京し輿丁を務めんと京都駅に集合した時、見送り人のほかに新聞記者や写真師が「山ノ如シ」と明記している。東京駅では宮内省などの出迎えを受ける存在にまでなっていた。報道と脚光を浴びることとよって、次第に八瀬童子と大喪・大礼輿丁のイメージはつくられていったのであった。

八瀬童子は明治天皇大喪奉仕直後の十月二十九日、宮内省にある申し入れを試みている。それは奉舁した葱花輦の下げ渡し、百日祭に御陵へ参拝、綸旨《りんじ》の下付であった。結果はいずれも却下された。このなかで注目されるのは、綸旨のことである。八瀬童子には、慶応四年（一八六八）三月二十日付で明治天皇綸旨が発給されている。これに追従しての申請だったと考えられるが、八瀬童子にとって綸旨交付とは特別の存在として継承されていたことが知られるのである。八瀬童子会文書では、この明治天皇綸旨が最後の綸旨となった。新たな時代のなかに、さらなる新たなかたちで八瀬童子は皇室とのかかわりを大切にした。この大喪や大礼奉仕は、八瀬童子が皇室に対し象徴的なかかわりとしてとらえることができる最大のものであった。

第十五章　歴史の証人〈八瀬童子に聞く〉

一　輿丁の思い出（坂本武夫さんに聞く）

明治時代以降の八瀬童子と天皇家とのつながりをみるうえで、輿丁《よちょう》のことを抜きには語れない。事実、多くの八瀬童子が東京まで出向いて、終戦まで連綿と輿丁を務めてきたのである。筆者が十年前に八瀬地区の調査を始めた時には、輿丁経験者は二名のみ健在だったが、一昨年九月に最後の一人であった坂本武夫さんが亡くなった。筆者は坂本さんが元気な時に、輿丁の体験について聞き取り調査を行っている。そこで坂本さんを歴史の証人として、以下皇室と八瀬童子の関係についてかいまみたいと思う。

坂本武夫さんは明治四十一年（一九〇八）生まれで、大正天皇大喪と昭和天皇大礼の輿丁を経験した。なお家庭の事情によって、早く家督を継ぐ必要から皇居での輿丁勤務は辞退した。田畑や山仕事をしつつ、大正十四年（一九二五）から京都電燈会社叡山電鉄部（現在の叡山電鉄叡山本線）に勤務し、助役や駅長まで務めた。戦争中は海軍兵士として出征した。大正天皇大喪の時は一八歳。当日（昭和二年二月七日・八日）の寒さは厳しく、草履の裏は体温差でできた水分が凍結して砂利が凍り付いた。その砂利を踏みながら進む足音が、鮮明に耳に焼き付いている。葱《そう》花輦《かれん》など行列の沿道にならぶ報道関係者が、映像カメラを回す

図63　故 坂本武夫さん
（平成15年7月8日撮影）

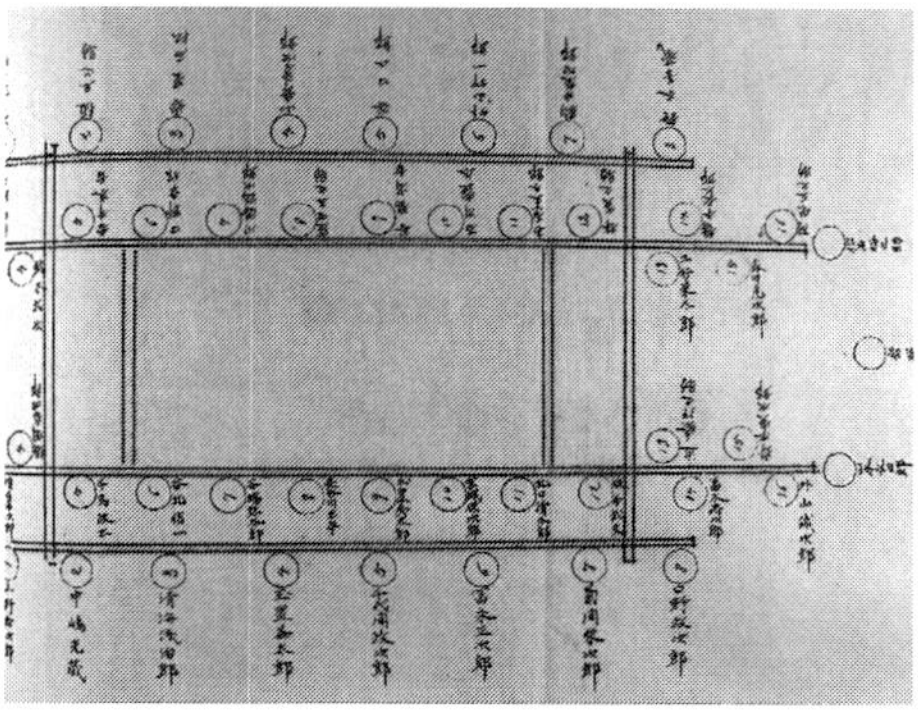

図64　大正天皇大喪において二番肩輿丁を務めた坂本武夫さんの名前が日誌にみえる
（昭和2年2月7日と8日に担ぐ）

音以外は咳ひとつなく、厳粛そのものだった。葱花輦進行中は、常時交代要員が輦に伺候しており、手を上げるや瞬時に交替できるかたちとなっていた。輿丁の待遇は大変良く、待機所は宮家専用の場所が与えられた。そこは炭火がいっぱいで、汗をかくほどに暑かった。昭和天皇大礼の時も、この世のもとは思えぬ程の厳粛な雰囲気のなかで輦は進行した。京都駅から御所へと向かう烏丸通両側には、人がびっしりとならび、ラッパが高らかに途切れることなく鳴り響いていた。

坂本さんは話しのなかで、天皇のことを「一国の王様・大将」と何度も表現した。そこには神格化された天皇の存在はまったくなく、あくまで人間天皇としてとらえていた。皇室に対して深い敬意を払いつつも、天皇をあくまで一個人として客観的に見据えていた。八瀬童子の天皇観については、まったく同様のコメントがある。作家猪瀬直樹著『天皇の影法師』のなかに、輿丁体験者である植田増治郎さん（昭和六十二年死去）の談話がある。興味深い内容であるため、一部分を引用する。

「そりゃ、クソしても陛下は陛下やで。神さんとは思うたことはないで。早いとこいうたら殿さんやな。神さんと陛下はちがうで。意味がちがう。陛下は陛下や。賢所に祭ってるのが神さんや。陛下でも神さんおがんどった。陛下も死んだら神さんや。だいたい神さんと陛下はちがうのや、もともと。それなのに陛下を神さんやゆうたのは戦争ごろのことや。わしらからいわせれば、そりゃちがうで、というしかない。神さんじゃないのなら近寄り難くないかって。そりゃ、ちがうでぇ、そりゃ。陛下と話をするなんて、そんなこと思うたこともない。」

貴重なコメントである。天皇と常に密接な距離にあって奉仕してきた八瀬童子の天皇観である。これこそが、八瀬童子の皇室観の根底に貫かれてきたものであったのだろう。

二　皇太后の雑仕（玉置鈴子さんに聞く）

図65　玉置鈴子さん
（平成17年３月16日撮影）

明治時代以降、八瀬童子の女性も皇室に仕えていた。その数は終戦直後まで四人。このうち唯一歴史の証人として、玉置鈴子さんが健在である。玉置さんは、皇太后（貞明《ていめい》皇后）宮職《ぐうしょく》雑仕《ざっし》として、戦前から戦後にわたって皇室に仕えた。この玉置さんの体験談をもとにして、皇室と八瀬童子の関係をかいまみたい。

玉置鈴子さんは大正十五年（一九二六）生まれで、一八歳の時から皇太后に仕えた。八瀬の女性は、明治末年頃から皇后・皇太后の側近衆として仕えたらしいが、勤務にかかわる記録類は一切八瀬に残っていない。女性採用の要因には、男性輿丁の実績評価があったのかもしれない。しかし彼女らには、八瀬村特別積立会からの経済的支援はなかった。上京にあたっての諸準備はすべて自己負担だったが、後日に仕度金が支払われた。

玉置さんは八瀬四代目（最後となる）の雑仕で、一時期前任者と一緒に勤務していた。皇太后宮職の職制は、高等女官一〇名（このなかより女官長一名が選ばれる）、判任女官一五名、雑仕五名から構成されており、玉置さんが所属した雑仕には、御家来《ごけらい》（世話係）と呼ばれる女性がさらに仕えていた。出仕が内定すると「おめみえ」と呼ばれる研修を一カ月間受けて、正式に任官となる。なお皇太后は赤坂の大宮御所が住居であったため、当地で勤務することとなった。ちなみに昭和十八年（一九四三）出仕当初の月給は、三〇円だった。

職務は主に御所内の掃除や食事などに関する諸雑用だった。なお女官は全員掃除に携わるが、それぞれ担当場所が異なっていた。また女官全員は、御所と廊下でつながった局《つぼね》と呼ばれた官舎に住んでいた。雑仕の局は個室で、間取りは六畳・四畳半・台所。風呂・便所は共同。ただし炊事洗濯など身の回りの世話は、すべて御家来が行った。御家来は、身元のはっきりとした良家の子女が採用されていた。冬場は全館（局も含む）スチームが入っており快適だった。ともあれ日常生活のあらゆる点が、最高水準にあったという。しかし戦時下、空襲にて御所や局が焼失し、写真・記録など所持品すべてを失った。でも御所には強固な防空壕（地上一階・地下二階）が設けられており心強かった。外泊は年一回許された。御所の出入り検査は厳しかったが、東京見物などは宮内省職員が案内してくれた。

玉置さんも皇太后と声を交わすことが幾度かあった。女官の運動会や映画鑑賞会の時も身近にあり、優しく声をかけられたという。皇太后の人柄の良さを何度も強調された。戦後は軽井沢に半年、沼津に一年間疎開していたが、再び東京に戻った。

昭和二十二年（一九四七）、八瀬童子との結婚を機に退職し、八瀬に帰った。玉置さんは当時を振り返っていう。本当に楽しい日々だった。食べるものにはまったく困らなかったし、御所内でのいじめもなくホームシックにもならなかった。自分はくよくよしない性格なので、この仕事が性に合っていた。でも職員の人はみんな上品だったため、自分も行儀良くしなければならなかった。

玉置さんの退職後、宮内庁からは「お人べらし」という理由で、後任者採用はなかった。玉置家の床の間には、今も皇太后崩御後に形見として下賜された愛用の食器などが、大切に飾られている。玉置さんは、皇室に対して心から敬意を払いつつも、皇太后をあくまで一人の人間として客観的に捉えていた。ここでも、近侍した八瀬童子特有の皇室観をうかがうことができたのである。

図66　玉置家床の間に置かれた貞明皇后の形見

三　昭和天皇大喪に奉仕

（保司博さんに聞く）

昭和天皇は、昭和六十四年（一九八九）一月七日に崩御。八瀬童子にとって、戦後初めての大喪を迎えたことになる。翌日、八瀬童子会長（故 山本六郎氏）は皇居に参内して式部副長に面会し、大喪奉仕を要請した。しかし一〇日になって宮内庁から連絡があり、このたびの駕輿丁は皇宮警察が担当するので、別途考慮するとのことだった。結果、会長と六名の八瀬童子が奉仕要請を受けることとなった。

この六名のなかに保司博さんがいた。保司さんは昭和十年（一九三五）生まれで、現在八瀬童子会長を務める。大喪奉仕は五四歳の時だった。昭和天皇大喪奉仕の内容とは、会長は参列奉仕。六名は二名ずつ三班に分かれ、一班は新宿御苑にて葦舎内で轜車（霊柩車）から葱花輦に霊柩を侍従職二名とともに移す役。二班は新宿御苑にて葬場殿で大喪儀終了後、葱花輦から霊柩を轜車に侍従職二名とともに移す役。三班は武蔵野陵墓地にて祭場殿で轜車から須屋に霊柩を侍従職二名とともに移す役だった。保司さんは二班担当であった。

さて戦後初の大喪奉仕にあたっては、八瀬では八瀬童子会員に対して輿丁奉仕可否のアンケートが実施された。戦後の八瀬童子はすでに大半がサラリーマンと化しており、皆が休暇をとるということは難しかった。さらに体型も変化していた。でも意気込みだけは強かった。その結果、代表者のみが霊柩奉仕となったのである。

しかし戦後初の、しかも昭和天皇の大喪とあって、八瀬童子に対する報道関係の取材は多かった。再び八瀬童子は脚光を浴びた。なお八瀬では大喪奉仕に関して箝口令をしいていたが、どこからか漏れて、二月二十三日の出発日には新幹線京都駅のホームまでついてくる始末だった。

大喪当日の二十四日、保司さんはモーニングコート着用で、天皇の霊柩を葱花輦から轜車に移した。霊柩は三重構造となっており、重さ約四五〇キロ。保司さんも思わず手に力がはいった。霊柩が轜車（ニッサン　ロイヤル　ステーションワゴン）に移されると、重さで車体

図67　新宿御苑の葬場殿にて（後ろは葱花輦）左から玉川勝太郎さん・保司博さん・故 阿保武夫さん・辻利温さん

がギューと下がるのを見た。大変厳粛な儀式だった。

さらに一泊して、二十五日は宮内庁へあいさつに出向く。侍従長から御下賜金を賜り、八瀬童子会の皆様によろしくとのお礼の言葉を頂戴する。同日、八瀬に帰着。

八瀬童子にとって昭和天皇の大喪奉仕は、戦後の新たなる社会情勢のなかでの奉仕だった。輿丁こそ務めなかったが、霊柩奉仕というかたちで伝統を継承することができたのである。八瀬童子と皇室との新しいつながりが始まったといえるだろう。

四　今上天皇大礼に奉仕（増田秀勝さんに聞く）

平成二年（一九九〇）一月から十二月にかけて、今上天皇の即位関連儀式が行われた。なかでも重要な儀式である大嘗祭において、八瀬童子は奉仕の栄誉にあずかった。戦後初の大礼ではあるが、戦前とは異なり輦が出されないため、駕輿丁役はなかった。したがって八瀬童子の奉仕は、従来とはまったく違ったかたちでのかかわりとなったのである。

大嘗祭出役者として、八瀬童子二名が正式に宮内庁長官へ届け出されたのは、平成二年十一月八日のことであった。このうちの一人である増田秀勝さんに聞き取り調査を行った。増田さんは昭和十九年（一九四四）生まれで、当時四六歳の働き盛りであった。

十月の終わり頃に八瀬童子会長（故 山本六郎氏）から突如呼び出しがかかり、依頼がなされた。当時このことは、家族はもちろん人には一切内緒にということであった。

図68　増田秀勝さん（平成18年４月22日撮影）

十一月二十一日、上京。宮内庁へ出向く。掌典《しょうてん》職にあいさつ。次に大嘗宮を下見する。翌二十二日、浄衣を着用して、神職とともに神饌《しんせん》づくりに従事する。全国各地から特産物が献上されていた。その量たるは膨大なもので、少しずつ選んで三方《さんぽう》に載せていった。これら神饌は、悠紀殿《ゆきでん》と主基殿《すきでん》に献饌されるものであった。準備は各殿の膳屋《かしわでや》で執り行われた。夜に神事が行われ、翌日撤饌《てっせん》を行う。各殿から各膳屋まで下げる。終了後、宮内庁へあいさつに行く。御下賜金は、後日に銀行振り込みされた。皇室費の名称で振り込まれていた。

増田さんは聞き取り調査の最後に、「大嘗宮のりっぱな造りに感心すると同時に、このような役目を八瀬童子として奉仕できたことに感謝している」と締めくくられた。

確かにかかる奉仕は、八瀬童子として初めてのことであった。神饌づくりは掌典職の役割であるが、そこに八瀬童子がいっしょに奉仕したことは大きな意味合いがあろう。宮中神事にとって、極めて重要な奉仕を命じられた八瀬童子の存在に、皇室とのかかわりを改めて認識すべきなのであろう。

五　香淳皇后大喪に奉仕（保司博さんに聞く）

香淳皇后の大喪は、平成十二年（二〇〇〇）七月二十五日に行われた。この時、八瀬童子は四名が奉仕した。保司博さんは八瀬童子会長として奉仕の任に就いた。昭和天皇大喪から、はや十一年が過ぎていた。なお保司さんは八瀬童子会長の立場として、殯宮《ひんきゅう》祗候《しこう》にも出席した。殯宮とは柩を葬儀の時まで安置しておく御殿をいう。皇族が前列にあって、その後ろに参列する。約四〇分間、暗闇のなかでひたすらじっとしながら別れを告げる儀式である。

八瀬童子の所役は、各二名ずつ二班に分かれた。一班は葬場殿の儀に奉仕（豊島岡墓地）。二班は陵所の儀に奉仕（武蔵野陵墓地）。保司さんは二班に所属した。

当日は暑く、汗が体中から噴き出た。しかし緊張のなかで奉仕した。柩を轜車から須屋へ移す時、手を添えて移した。またさらにインクラインに載せる時も、手を添えた。インクラインが一瞬故障したかに見えた時は、思わず緊張した。滞りなく終了して、関係者一同はバスで宮内庁まで戻った。翌日、再び宮内庁に出向いてお礼を申し上げた。この時、御下賜金をいただいた。図69の新聞記事は、殯宮祇候が終わって退出してきたところ、毎日新聞記者の取材を受けたものである。

「八瀬童子」も立ち会い

役割替え モーニング姿で

「正直言ってほっとしています」――。「八瀬童子《やせどうじ》会」の保司博会長(64)は、思いを込めた口調でつぶやくように語った。歴代、天皇や皇族のひつぎが入った輿《こし》を担いできた京都市左京区八瀬地区の八瀬童子会の4人が、この日の皇太后さま（香淳皇后）の斂葬《れんそう》の儀に参加した。その役割は大きく変わったが、時代変化の大きな波にもまれながらも、670年近くも続いてきたと言われる八瀬童子の「伝統と心意気だけは守れた」と言う。

この日の参加者は保司会長ら4人で、2人ずつに分かれて、「葬場殿の儀」と

八瀬童子会を代表して、保司会長は殯宮祇候にも出席した

図69　殯宮祇候直後の保司会長
（平成12年７月25日付毎日新聞夕刊の部分）

以上みてきたごとく、戦後八瀬童子の大喪大礼の奉仕内容は、大きく変容を遂げた。その最大の要因は、新憲法のもと皇室制度の変革があり、またあわせて八瀬童子の生活様式の変化も大きかった。

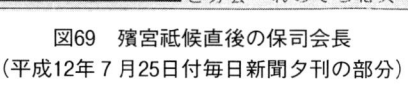

保司さんの気持ちは、毎日新聞の記事に集約されている。「正直言ってほっとしています」、そしてさらに八瀬童子の「伝統と心意気だけは守れた」と。この気持ちこそ、八瀬童子を代表しての本心だったと思われる。時代は進み奉仕の形態が変わろうとも、今後も八瀬童子の皇室奉仕は続いていくことに違いないだろう。

第十六章　念　仏　講〈顕彰される歴史と人物〉

一　念仏堂から妙伝寺へ

八瀬には古くから念仏堂があった。念仏堂には八瀬の老人たちが集まって、御詠歌を奏でるなど、心のやすらぎの場であった。ところが建物の傷みが著しくなったため、平成四年（一九九二）に取り壊され、以後再建されることはなかった。この念仏堂には一〇軀の仏像が安置され、村の仏堂としての性格を有してきた。なお仏像の造りから推して、おそらく比叡山延暦寺にあったものが法難を逃れ、ここ八瀬の山里に伝わったのだろう。長きにわたって八瀬童子に見守られて現在に至っていると考えられる。

仏像は木造十一面観音立像（重要文化財・平安時代中期）、木造天部形立像（京都市指定文化財）・木造毘沙門立像（京都市指定文化財）・木造薬師如来立像（京都市登録文化財）をは

図70　在りし日の念仏堂

じめとして、実にすばらしい文化財でもある。現在管理は、財団法人八瀬文化財保存会が行っている。なお文化財に指定・登録されている仏像のみ、京都国立博物館に寄託、そのほかは位牌ともども妙伝寺に安置された。

妙伝寺は八瀬近衛町にある天台宗寺院で、八瀬童子の菩提寺でもあった。したがって八瀬童子の仏事は、すべてこの寺院で執り行われている。その仏事のうち、最も八瀬童子にとって象徴的なものが念仏講だった。この念仏講、本来は念仏堂で行われていたものであったが、解体にともなって妙伝寺でなされるようになったのである。

したがって妙伝寺は、八瀬童子にとって以前にも増して重要なる寺院として、その存在意義を高めることになったのであった。

二　毎月の念仏講

ではこの念仏講とは、いったいいかなる仏事だったのだろうか。それはなんと、八瀬童子が歴史上恩恵を被った人々を供養する仏事だったのである。しかも毎月欠かさずに行われている。現在では毎月二十八日（二・九月のみ異なる）午後二時から約四〇分間、住職によって読経がなされる。この念仏講は八瀬童子会主催によるもので、会員の出席のもとに執り行われている。毎月一〇～一五名の八瀬童子が出席。昔は羽織・袴の正装で臨んだという。

妙伝寺には、この念仏講で唱える歴史上の人物を記した一覧がある。「念仏講尊儀表（折紙）」である。それには一六名の名前（天皇以外は院号）が記されている。この「念仏講尊儀表」に沿って、人名に番号を付して列挙すると次のようになる。（ ）は筆者の注記。

①後醍醐天皇 ②明治天皇 ③昭憲皇太后 ④大正天皇 ⑤貞明皇后 ⑥昭和天皇 ⑦応円満院殿（近衛基凞）⑧済川院殿（秋元喬知）⑨大解脱院殿（近衛内前）⑩如是閑院殿（近衛家久）⑪予楽院殿（近衛家凞）⑫温泰院殿（小堀邦直）⑬長円寺院殿（板倉勝重）⑭文昭院殿（徳川家宣）⑮建中院殿（岩倉具視）⑯香川院殿（香川敬三）

図71　妙伝寺における念仏講のようす

現在はこの一六名に、香淳皇后が加えられている。この尊儀表の人名の特徴は、天皇や皇后名の場合、前近代は後醍醐天皇のみであること。そして幕府下知、延暦寺争論、禁裏御料、租税免除などといった八瀬童子の利権に直結するうえで恩恵にあずかった代表的人物が選ばれていることである。なお妙伝寺には、昭和八年（一九三三）一月付の念仏講尊儀表木札（縦二九・七センチ、横八四・八センチ）が残されている。これには名前と死亡年月日が記されている。

念仏講尊儀表

後醍醐天皇	神儀	延元四年八月十六日
明治天皇	神儀	明治四十五年七月三十日
大正天皇	神儀	大正十五年十二月廿五日
応円満院殿	尊儀	享保七年九月十四日
済川院殿	尊儀	正徳四年八月十四日
大解脱院殿	尊儀	天明五年三月廿八日
如是観院殿	尊儀	元文二年八月十七日
予楽院殿	尊儀	元文元年十月三日

温泰院殿　尊儀　寛政元年三月廿五日
長円寺殿　尊儀　寛永元年四月廿九日
文昭院殿　尊儀　正徳二年十月十四日
建中院殿　尊儀　明治十六年七月廿日
香川院殿　尊儀　大正四年三月十八日
以　上

この木札は一三名（天皇を神儀、それ以外を尊儀に二分）の名前を記しており、先述の折紙の一六名中③昭憲皇太后 ⑤貞明皇后 ⑥昭和天皇の名前がないだけである。したがって折紙の方は、昭和天皇崩御以降に明治天皇以後の各皇后を追加して記したものであることがわかる。また木札は念仏堂に掲げられていたもので、取り壊されるにあたって妙伝寺へ移し、念仏も合わせて同寺で行うようになったのである。

妙伝寺住職によって読経がなされる時、この尊儀表にあらわれている人々が繰り返し読みあげられる。八瀬童子はこの時、自分たち先祖の恩人、またはお世話になった天皇や皇后の名前が読みあげられると、一層心から供養をするのだった。念仏講は明治時代以降、八瀬童子と皇室の新たな関係がつくられていくなかで生まれた仏事だった。

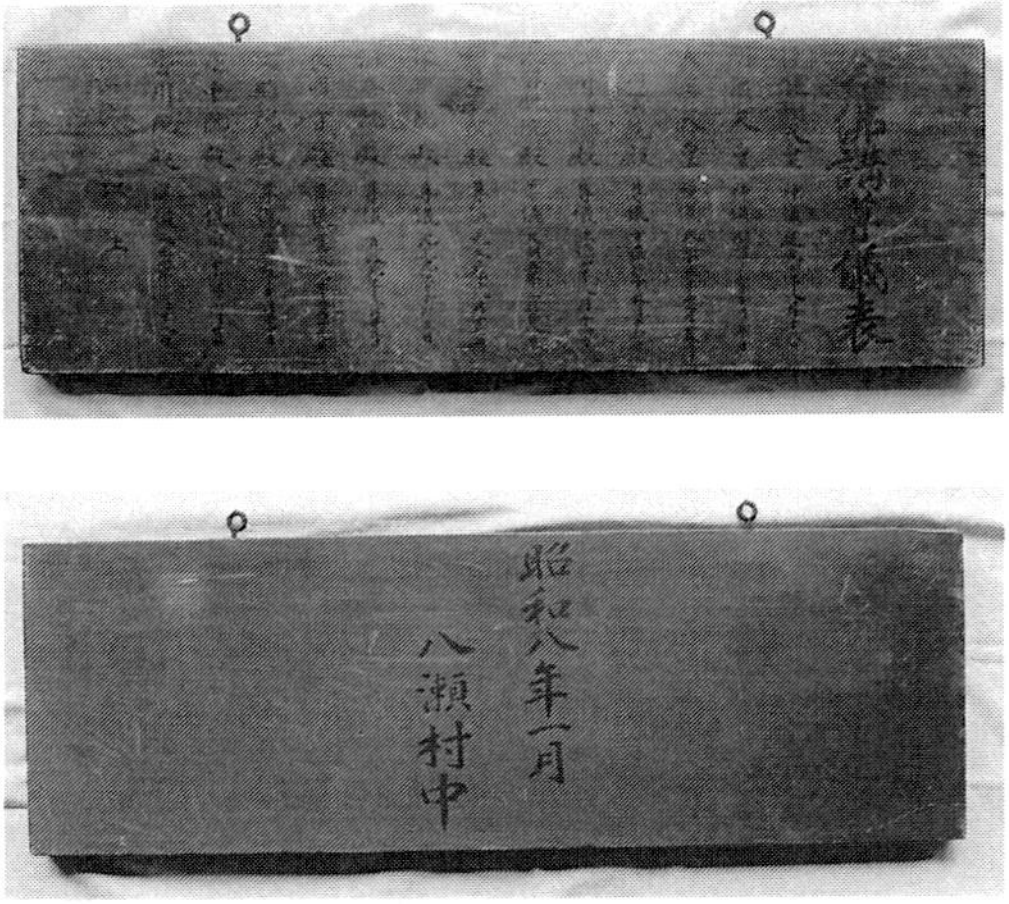

図72　念仏講尊儀表木札
上：表面　下：裏面

しかし考えてみればはるか昔の人々のことでもあり、戦後六〇年以上も経った現在でさえも風化させずに存続されていることは、驚くばかりである。八瀬童子にとって念仏講とは自分たちの先祖を供養するのではなく、先祖が恩恵を賜わった人々や天皇皇后を供養する仏事なのである。したがって、彼らにとってかかる先人や天皇皇后を心から供養することは、八瀬童子であることの歴史的証でもあったのである。

第十七章　高殿の役割〈精進潔斎の日々〉

一　八瀬の年間行事

現在、八瀬では独自の生活慣習が残っている。この風習は、天満宮社（八瀬秋元町）と妙伝寺（八瀬近衛町）の年間行事にみることができる。なかでも天満宮社の神事では、実にさまざまな古式が集中していて興味深い。特にこの神事を担う役職者に、往時の八瀬童子の面影がのぞく。

天満宮社の祭祀は、高殿《こうどの》（一人）、副高殿《ふくこうどの》（二、三人）、須行《すぎょう》（若干名）、先禰宜《せんねぎ》（一人）と名付けられた八瀬童子が中心となって行う。高殿と高殿経験者の老衆は、八瀬の神事に関する最高幹部として、白装束（浄衣）に頭巾を着用。昔ながらの八瀬童子の姿となって神事を務める。現在は六〇歳を迎えれば、だれでも老衆になれるが、高殿経験者は年齢に関係なく就任し、さらに浄衣の下に梅鉢紋の装束着用を許される。

では次に天満宮社を中心とした八瀬の年間行事について触れておきたい【なお必要と思われる妙伝寺の仏事は立項した。表2「天満宮社・妙伝寺の年間行事（平成九年度）」では、天満宮社と妙伝寺の年間行事を比較しながら記載している。江戸時代まで、天満宮社の神事と妙伝寺の仏事は八瀬童子にとって密接な関係にあったと思われるが、現在では注目される行事は天満宮社にほとんど集中している】。

▼初詣（元旦）

高殿以下の役職、午前〇時に天満宮社に初詣する。なお翌日の二日と五月六日の本祭明けの両日は「神様休み」と称して、高殿以下は参拝しない。

▼御札刷り（一月十一日、午前九時）

妙伝寺にて御札を刷る（四種のうち二種のみ手刷り）。高殿以下役職参加。高殿は一年のうち、この日のみ寺に入る。住職は高殿宅へ赴かない。

▼大般若経会（一月十五日、午前一〇時）

妙伝寺にて住職主導のもと大般若経を転読。全六〇〇巻（貞和三年＝一三四七・応永八年＝一四〇一などの銘文あり）のうち三〇〇巻ずつ、二年かけて転読。須行が助員とな

表2　天満宮社・妙伝寺の年間行事（平成9年度）

天満宮社行事				妙伝寺行事			
行事名	月	日	時間	行事名	月	日	時間
初詣	1	1	午前0時	年始参り	1	2	午前9時より終日
御弓式	1	20	午前10時	大般若経会	1	15	午前10時
朔弊式（灌縄）	2	2	〃	念仏講	1	28	午後2時
初湯式	2	25	〃	念仏講涅槃会	2	14	〃
春の彼岸	春分の日 3	20	〃	春の彼岸会	春分の日 3	20	午後7時30分
朔弊式	4	6	〃	念仏講	3	28	午後2時
御屋根掃除	4	中旬	〃	〃	4	28	〃
宵宮祭	5	4	午後3時	〃	5	28	〃
本祭	5	5	午前10時	〃	6	28	〃
朔弊式	6	1	〃	〃	7	28	〃
〃	8	1	〃	墓参り	8	7	
御所谷参拝	9	16	時刻不定（朝・夕）	施餓鬼会	8	13	午後4時
秋の彼岸	秋分の日 9	23	午前10時	棚経参り	8	14	野瀬町と一部町内は13日
朔弊式	10	5	〃	念仏講	8	28	午後2時
秋元祭	10	10	〃	〃	9	16	〃
御火焚祭	11	11	〃	秋の彼岸会	秋分の日 9	23	午後7時30分
朔弊式	12	7	〃				
御影渡	12	31	午後2時	念仏講	10	28	午後2時
				〃	11	28	〃
				〃	12	18	〃
				観音講（女子）	毎月27日但し12月17日		〃

る。先日刷った御札を仏前に供える。転読終了後、御札を各町内戸数ごとに仕分けし、あとで各戸へ配る。なお御札一体分は、天満宮社本殿裏側の御札納所へ納める。

▼御弓式（一月二十日、午前一〇時）

天満宮社にて御弓式。前日の午後七時から「御供つき」。角餅・平餅をつき、唐櫃に納める。翌朝九時、高殿宅から社参。行列の順列は、先禰宜（御幣）・須行（唐櫃）・高殿（火打ち金、石、鍵籠）・高殿息子（本弓、矢二本）・副高殿（白木弓、彩色弓、竹矢）。神社に着くと、御弓式は先禰宜の合図で始まる。高殿は頭巾を脱ぎ素足となり、彩色弓・白木弓・本弓の順に射る。

▼念仏講（一月二十八日、以降毎月二十八日、午後二時）

妙伝寺で行われる八瀬童子会主催の仏事。八瀬童子が歴史上恩恵を被った人々を供養する。詳細は第十六章を参照。

▼朔幣式（二月二日、以降隔月始め、午前一〇時）

二月の朔幣式の時のみ、灌縄式が行われる。祭典は境内仮屋で行われる。まず市殿（巫女）が本殿に向かって祭典する。さらに神楽舞のあと、御神酒の儀あり。五膳を高殿・先禰宜・一番者（一和尚《いちばんじょう》）・二番者（二和尚《にばんじょう》）・三番者（三和尚《さんばんじょう》）の順にならべる。市殿が各膳ごとに御神酒を受ける所作に合わせて、高殿以下の老衆は順次立ち上がり扇を広げて杯を受ける所作をする。この神事では、市殿は本来神主が行う所作を兼務している。次に灌縄式となる。いわゆる勧請縄づくりである。灌縄の形状は、注連縄四本に白木を井桁状に重ねたところへ樒を付けたものである。灌縄の敷設箇所は、境内や各町内。

▼初湯式（二月二十五日、午前一〇時）

いわゆる湯立ての神事。準備や片付けは、須行が行う。高殿は社参後、境内全社に燈明をあげ、本殿に献饌する。神饌は三膳あって、各膳（折敷）に土器《かわらけ》三枚が横一列に並び、右から「一寸角昆布」「御神酒」「一寸角大根」が載る。献饌後、高殿と先禰宜は本殿内に着座して、巫女の湯立て神楽をみる。

▼春の彼岸（三月二十日、午前一〇時）

前日午後七時から高殿宅にて神饌の調製。平餅・一寸角昆布・一寸角大根をつくり、唐櫃に入れる。翌朝九時、高殿宅から社参。行列は先禰宜（御幣）・須行（唐櫃）・高殿・副高殿の順。到着後、高殿は覆面をして献饌。須行は副高殿の指図のもと、各境内社に献饌。次に御神酒のみが高殿から各社に注がれる。手順は副高殿の酒筒から先禰宜の片口銚子へ、そこから高殿の両口銚子へ移され、高殿は各社殿の土器へ注ぐ。次に高殿が各社殿前にて御幣を振り（すばやい左一回転で三回続ける。高殿の御幣作法はすべて同様）拝礼する。なお「秋の彼岸」も同様の神事である。

▼御屋根掃除（四月中旬、午前一〇時）

五月本祭に向けての社殿清掃の神事。本殿内陣まで掃除するために、仮屋への遷座式が行われる。前日、高殿宅にて神饌調製。小餅・中餅・御幣をつくり唐櫃に入れる。翌朝九時、高殿宅から行列を組んで社参。到着後、高殿は内陣に入り下遷宮の御歌を唱える。境内では遷宮に備え本殿周辺に幔幕が張られ、本殿から仮屋までの間には薦が敷設される。老衆らは、その薦側に蹲踞する。神移しの儀では、高殿は御神体を頭上に高々とかかげ仮屋に移る。高殿は本殿清掃が終了するまで仮屋で伺候。上遷宮では御歌のあと、下遷宮と逆の手順にて御神体が本殿へ納められる。その後、献饌、拝礼となる。

図73　高殿が御神体を頭上にかかげて神移しを行う（御屋根掃除）

▼御供つき（五月三日、午後二時）

宵宮祭（五月四日）・本祭（五月五日）に向けての神饌調製が高殿宅で行われる。平餅一〇八枚を三枚一組に束ねる。七色《なないろ》（蕨・筍・牛蒡・茗荷・青海苔・若布・山芋）を棒状に切り、チサで包みイグサで束ねる。他にキヨウ（白蒸に小豆を混ぜ藁で包む）・粽・一寸角大根・短冊状の昆布などを調製する。

▼宵宮祭（五月四日、午後三時）

高殿の服装は、梅鉢紋の着物に白地直垂を着け、立烏帽子をかぶる。高殿宅から行列を組み社参。先禰宜・高殿息子・稚児・須行・高殿・副高殿の順。神社で献饌、拝礼を行う。

▼本祭（五月五日、午前一〇時）

高殿の服装は、梅鉢紋の着物に青地直垂を着け、立烏帽子をかぶる。高殿宅から行列を組み社参。先禰宜・稚児・高殿息子・高殿・須行・副高殿・老衆・町内の者の順。神社に着くと、献饌・御神酒の儀など。また二基の神輿を出す。次に高殿は衣冠束帯に着替える。

図74　神輿への神移しを行う高殿（本祭）

神輿「山王社」への神移し。次に神楽。次に神輿「天満宮」への神移し。その後、行列を組んで御旅所へ向かう。神輿も渡御。御旅所にて献饌、拝礼。次に御面の式（翁舞）。その後、神輿還御となって本祭終了。

▼御所谷参拝（九月十六日、早朝と夕方）

後醍醐天皇の命日（旧暦八月十六日）に御所谷へ登山して、遥拝する儀式。御所谷祭壇は、天満宮社から南東約二〇〇メートルの山腹にある。午前六時前、高殿宅から社参。参加者は高殿と副高殿の三名。最初に天満宮社巡拝の後、境内脇から御所谷へ登山する。山中には、御所を遥拝できる祭壇が常設してあり、そこで燈明をあげ献饌してから遥拝する。夕刻には撤饌。この間、八瀬童子は自由参拝する。

▼秋元祭（十月十日、午前一〇時）

天満宮社境内社である秋元神社（本殿に向かって右側）の例祭。この祭りで奉納される芸能に赦免地《しゃめんち》踊《おどり》がある。秋元祭は午前九時、高殿宅から先禰宜・高殿・副高殿・須行の順にて社参。献饌・燈明の後、市殿によるお湯式（湯立ての神事）が行われる。燈籠祭（赦免地踊奉納を受ける神社側の祭名）は、午後七時三〇分、高殿・先禰宜・副高殿・須行の再社参から始まる。お百燈に火がはいると、行列一同が境内に入り、赦免地踊などの芸能が奉納される。高殿以下は仮屋にて待機。奉納行事が終了すると、お百燈を消して神事は終わる。なおこの奉納芸能には、高殿以下の祭員は一切関与しない。赦免地踊については、第十一章を参照のこと。

▼聖社・妙見社・住吉社への社参（十一月十日、午後一時）

八瀬の北端と南端に鎮座する祠に参詣する行事。聖社は長谷出町北端から北約二〇〇メートルの山中に鎮座。妙見社は妙見町中部から北の山中に、住吉社は妙見町北端の高野川沿いに鎮座する。高殿宅から妙見社・住吉社・聖社の順に、高殿と副高殿の二名で参詣。各社に注連縄を張り、六文銭形（御幣の一種）を中央に垂らす。次にキヨウ（赤飯を藁で包む）と御神酒を供え、燈明をあげてから参拝。住吉社には社殿がなく、二本の神木（椋・榊）と巨石からなっている。最後に天満宮社へ参り、境内各社に注連縄を張って六文銭を吊る。神饌として榊の葉に赤飯を盛って供え参拝する。

▼御火焚祭（十一月十一日、午前一〇時）

前日の午後八時から高殿宅にて神饌調製。調製内容は彼岸と同様。翌日、高殿宅から列をなして社参。献饌・参拝・撤饌の後、仮屋にて「あずかりの御幣式」を行う。いわゆる次期高殿への伝達儀式である。高殿は前精進（次期高殿）へ御幣を渡し、受け取った前精進は御歌を唱えてから本殿に向かって御幣を振る。神事終了後、改めて次期高殿が老衆らに紹介される。

▼御影渡（十二月三十一日、午後二時）

高殿・先禰宜は、前精進をともなって社参。三名は本殿内陣に入る。高殿は御神体の前にて、前精進へ御宮と御倉の鍵を授ける。これをもって前精進は高殿となり頭巾をかぶる。旧高殿は先禰宜となる。続いて「くいぬき式」に移る。新先禰宜は新高殿を連れ、御宮・御倉の扱い方を伝達する。終えると、燈明をあげて新年の準備を行う。

以上、八瀬の年中行事を概観した。これら行事については、毎月のものが減らされたり、神饌も餅つき器を使って簡略化したり、あるいは状況に応じて社参に自動車を利用したりと、今に合った方法で一部分改変されている。祭祀は都市化と相まって、次第に原形から変貌を遂げていることは否めない。

妙伝寺の仏事については念仏講が中心となっており、他の仏事は一般的なものばかりである。そのなかにあって、高殿が参加するのは一月の御札刷りのみであるところから、御札への重要性がはっきりと残されている。八瀬童子とって特徴ある年間行事とは、念仏講・御所谷参拝・秋元祭で、いずれも八瀬童子が大変恩恵を受けた人物を顕彰した行事である。神事のうち季節や月日を節目とした行事は、一般的な神道祭祀と位置づけてよいだろう。

なお高殿・先禰宜・須行・和尚といった役職名や風流《ふりゅう》踊りは、洛北一帯に散見される形態である。したがって八瀬童子の年間行事も、かかる地域一帯にみられる普遍的な慣習形態を基盤としていたと考えられる。しかしながら、他村とは一線を画した独自の村の歩みは、八瀬童子の行う祭礼・仏事に色濃くその面影を残しているのである。

二　高殿の誇り

神事遂行の頂点の地位に立つ高殿は年番制で、八瀬地区旧八カ町のうち年番の町から一名が選ばれる。高殿に選ばれることは、大変名誉なこととして尊ばれている。高殿は天満宮社神主としての役割と八瀬の神事全般における最高責任者となる。当然神に仕える身分であるがため、年間を通して精進料理のみを口にし、一日たりとも休むことなく社参など祭祀に務めなければならない厳しい決まりがある。高殿自宅の一室には祭壇が設けられ、この部屋には高殿以外、家族の者も一切立ち入ることは許されない。これらのしきたりは厳格に継承され、現在も変わることなく続けられている。

高殿自宅祭壇（図75参照）には御祭神の掛け軸三幅が掛けられており、その前面に祭壇飾りがある。向かって右側には行燈。昔は燈心に火をともしていたが、今は電球を使って年中つけておく。その後ろには榊。中央の神棚には天満宮社御札を納める。その前面に燈明台・水差し・洗米・塩・御神酒が置かれる。向かって左側には日参用の籠を置く。籠のなかには天満宮社の鍵と白袋（賽銭用）が入っている。この籠は、榊の木で作った長棒で担ぐ（図76参照）。籠と長棒は、一年間毎日使用する。

図75　高殿自宅の祭壇

図76　籠を担いで自宅から神事（8月朔幣式）に向かう高殿

高殿の毎日の社参は、まず自宅祭壇参拝から始まる。行燈は電気でつけっぱなしだが、水・洗米・御神酒は三日に一回替える。天満宮社のお供えは、週に二回替える。ろうそくは毎日ともす。かかる高殿の日課に、前述の年間行事が合わさるのであるから、いかにその責務をまっとうするのが大変であるかを想像することができよう。

さて高殿は八瀬の神事にかかわる最高責任者であることはすでに述べたが、現在の八瀬童子の組織である社団法人八瀬童子会の最高責任者たる会長は、高殿経験者でなくとも就任できる。現代の多用化した社会では、組織運営は適材適所で遂行すべきなのだろう。ちなみに前近代では、八瀬村の行政責任者は一和尚・二和尚・三和尚を頂点に定められていたことは、すでに述べたところである。しかし神事については、高殿が和尚より上位に位置した。天満宮社本殿棟札（天保十五年＝一八四四や弘化三年＝一八四六など）にも、はっきりと高殿（棟札には「神殿」と記される）以下神事役職者が最初に明記され、そのあとに各和尚が名前を連ねている。今も昔も、組織の秩序をみることができる。

現在、高殿を頂点とした八瀬の年間行事は、八瀬童子の長年にわたる悲喜こもごもの歩みを実感できる貴重な資料となっている。

第十八章　老衆たち〈祭りの最高幹部〉

一　老衆の役割

前章では主に高殿《こうどの》を中心に述べたので、本章では老衆について触れておきたい。この老衆は、すでに高殿の箇所において、たびたび登場している。本来は高殿の経験者がなる地位であったが、現在では六〇歳を迎えれば老衆につくことが可能となる。老衆は八瀬の神事に関する最高幹部としての地位にあって、合議制のもと重要な取り決めに関与する。天満宮社での年間祭事に加わり、その時の装束は白装束（浄衣）に頭巾を必ず着用する。昔ながらの八瀬童子の姿となって神事遂行に尽力するのだった。

天満宮社神事についての合議は、各祭礼の直会《なおらい》時にも行われる。もともと高殿経験者の集まりだけあって、議論は尽きない。なお合議のなかでの高殿は、一番新参者という立場になってしまう。高殿はその年の神事の責任者ではあるが、経験豊富な老衆の前では拝聴する立場になってしまいがちである。事実、高殿は何もかもが初体験であるがゆえに、神事遂行について一年先輩の先禰宜《せんねぎ》から教授してもらう。先禰宜は向こう一年間、神事経験者として高殿に間違いがないよう手助けしなくてはならない。したがって高殿に就任するということは、翌年の先禰宜の役も含め、まる二年間祭典奉仕にかかわることとなるのである。そして

図77　灌縄づくりの老衆たち

図78　朔幣式で扇を杯に見立て御神酒を受ける老衆

先禰宜が終了した段階で老衆となる。老衆が祭典について経験豊富である根拠は、このような経緯に依拠しているからである。

かかることから、老衆は神事のなかで重要な立場を務めている。たとえば朔幣式で順番に御神酒を拝受する時の所作や、彼岸での列拝所作など神事として要となるところでは、必ず所役をはたしていることに気付くのである。

二　老分衆とは

老衆とは、江戸時代の老分衆のなごりを有するものと考えられる。さらに老分衆とは、平安時代座役を務めた交衆（第四章参照）の系譜を引くものであろう。老分衆は江戸時代、上席一八名と下席一八名合わせて三六名おり、かれらが八瀬村を統括していたことがわかっている。なかでも上席の年長者が、一～三和尚《ばんじょう》と定仕《じょうじ》に就任している（第八章参照）。かれらは本来村の行政担当者なのであるが、祭祀の役職も兼ねていたとみられる。ただし神事の統括責任は、あくまで高殿以下の祭員にあった。このようにとらえるならば、現在の老衆が祭りの重要な所役にかかわっていることも理解できよう。

次に天満宮社に関して興味深い史料がある。『後要用記録大帳』のなかに記録された天満

図79　天満宮社
中央：本殿　右：秋元神社　観音堂は石段下右側辺りにあった

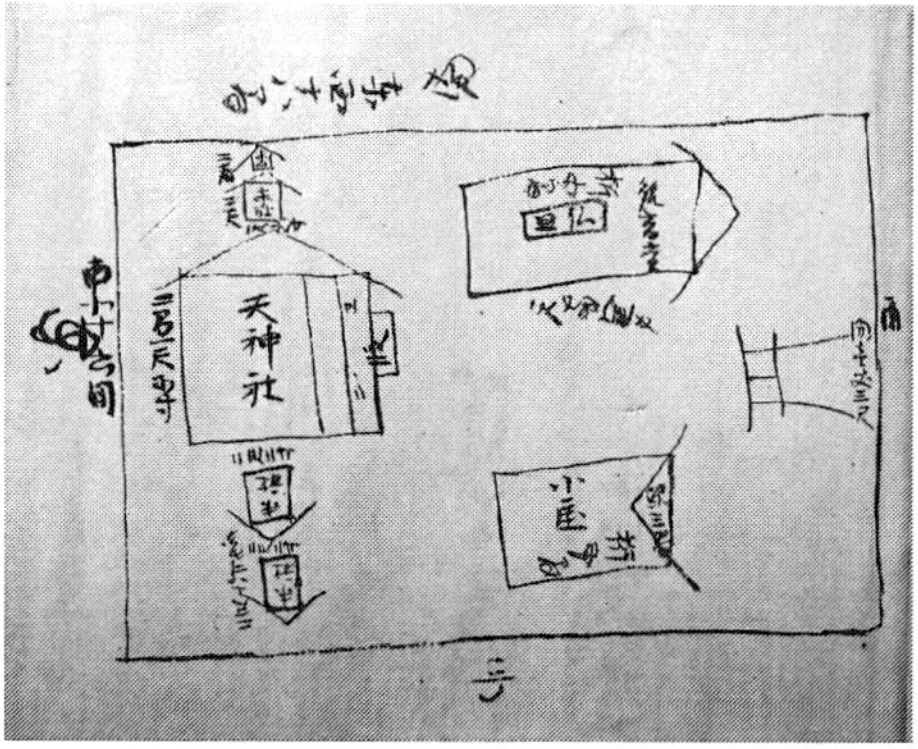

図80　境内図（『後要用記録大帳』所収）

宮社（絵図では天神社と表記。天満宮社は江戸時代まで天神社と呼ばれている）境内のようすである。

一、当村天神社梁行壱間半一尺五寸、桁行弐間壱尺五寸、
縁高欄階段付、屋根檜皮葺箱棟造、懸魚付、
一、末社梁弐尺二寸、桁行弐尺二寸五分弐ケ所、

一、同梁壱尺六寸、桁行二尺二ケ所、
一、鳥居明壱丈三尺、
一、観音堂梁三間、桁行五間、前側蔀戸入口両開キ、
一、小屋壱ケ所梁三間、桁行五間、
右在来建物絵図面之通、相違無御座候、右之外御制禁之作事絵様等無御座候、以上、
寛政元年（一七八九）酉三月
八瀬村
一和尚　河内
二和尚　出雲
三和尚　和泉
御奉行様
右は寛政度御改之節、奉差上候絵図面之通ニ而、其後模様替之儀、無御座候ニ付、此段
御断奉申上候、以上、
天保十四年（一八四三）
卯年十二月

八瀬村
一和尚　河内
二和尚　松伊予
三和尚　法師伊予
御奉行様

神社境内には観音堂があって、なかに仏壇が置かれている。なお八瀬の念仏堂に残った木造十一面観音立像（重要文化財）は、実は天神社の本地仏といわれている。さらに妙伝寺に残る大般若経は、明治時代以降同寺に伝わったもので、本来は天神社のものだったことがわかっている。大般若経には応永八年（一四〇一）八月二十五日付で「山城国八瀬宮御経也」とあり、八瀬村三和尚・承事・宮仕の役職・名前が記されている。

おそらく老分衆や高殿（大般若経では「神殿」と記す）は、天神社の神事と仏事にかかわってきたものと思われる。八瀬の行政のみならず、八瀬の神事仏事にも大きな影響力をもっていたのが老分衆だったのである。したがって八瀬童子の牽引的役割を担った老分衆の姿を、現在われわれは老衆に重ねてみることができるのである。

第十九章　伝統の継承〈祭りや行事〉

一　大切な祭り

八瀬童子の神事や仏事にかかわる取り組みについては、すでに述べてきたところである。かれらの神や仏に対する気持ちは、昔から変わることなく現代に続いているのだろう。なお八瀬の集落内を歩いていると、ところどころ大切に守られている祠に気付く。「あたごさん」と「じゃんじょこさん」である。「あたごさん」は愛宕社の火の神が祀られ、常夜灯の横に神棚が設けられて平野部に安置されている。「じゃんじょこさん」は山の神として祀られ、祠が設けられて山裾に安置されている。これらの神々は、八瀬旧七カ町に各一柱ずつ祀られている（新しい町域の長谷出町にはない）。なお上田町には各二柱ある。上田町内には岩出町があったのだが、七～八軒だったため、上田町と合併したという。したがって七カ町に都合一六柱の「あたごさん」と「じゃんじょこさん」が祀られていることになる。小さな社ではあるが、八瀬童子が身近な神さまとして大切に祀ってきたのだ。

さらに八瀬では昔から、各家の墓は屋敷の裏山に設けられていた。だが明治四十年以降、共同墓地（八瀬野瀬町の八瀬霊苑）へ移された。現在は毎年八月七日に妙伝寺仏事「墓参り」として、いっせいにお参りを行っている。それでもまだ、三〜四〇基の墓が裏山に点在して

図81　あたごさん（稲小出町）

図82　じゃんじょこさん（甲賀小路町）

いる。江戸時代の銘のある五輪塔が、ひっそりと往時の面影を残している。これらの墓は、そのままのかたちで今も供養されているのである。

このように祀ったり供養したりが身近にあるもの、すでにみてきた八瀬童子にとって大きな祭りである赦免地踊、ともに八瀬地区の大切な行事・慣習である。さて赦免地踊が音頭部・彫刻部・踊り部から構成されていることは、すでに述べたとおりである。この祭りは子供から大人まで、全員がかかわることによって成り立っている。特に音頭部は、相当稽古を積まないと一人前になれない。現在一六名の若者の部員がいる。昼間は仕事があるため、夜稽古に励む。古老の指導も厳しい。同じく彫刻部もそうだ。部員約二〇名。八瀬に越して来た人も混じっている。恐ろしく緻密な仕事であるがゆえに、気を抜くことは許されない。燈籠は全八基（四対）で、うち毎年四基（二対）が新調されるため、半年前から制作にかかる。昼間は仕事があるので、早朝や夜に切り絵の作業を進めている。踊り部の踊り子は、小学校六年生

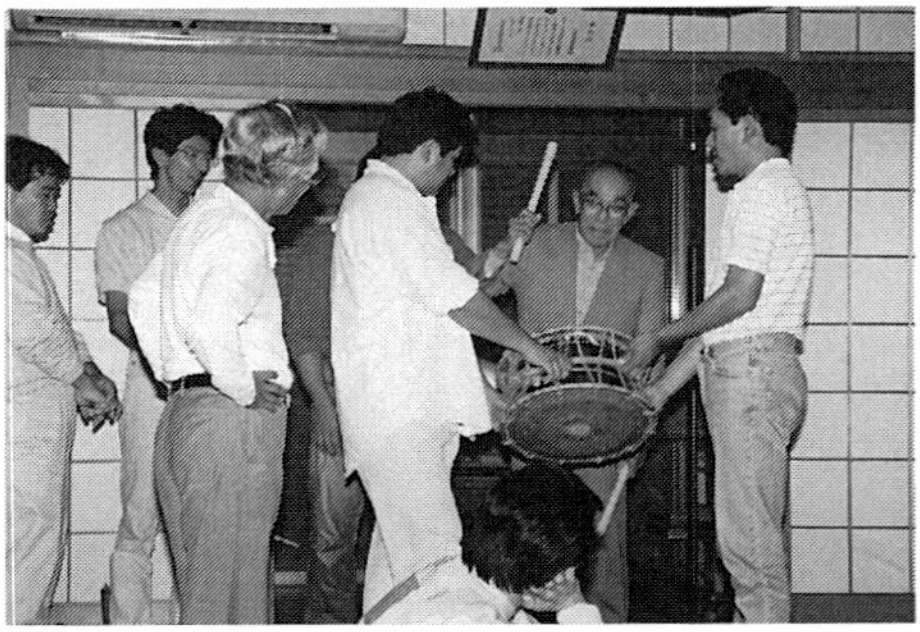
図83　音頭部の稽古（指導する故 上田稔治八瀬童子会長、手前左は保司博八瀬童子会長）

女子十数人。新旧住民にかかわらず、学校行事として踊りに取り組んでいる。八瀬では地域が一体となって、祭りや行事にかかわっている。八瀬童子の歩みは八瀬地区の文化として、里に深く根付いて伝えられている。

二　組織の充実

現代社会に生きる八瀬童子にとって、先祖が築いてきた伝統を絶やすことなく、さらに八瀬童子の誇りを後世に伝えることは重要な役目である。現在八瀬にある三団体は、この伝統を継承している。最大の組織は社団法人八瀬童子会である。現在一三六人の八瀬童子会員（会員数は世帯主の数をあらわす）から構成されている。そのなかで会長は、八瀬童子の長として重責を負っている。次に祭りとして有名な赦免地踊は、八瀬郷土文化保存会が取り仕切っている。従来は八瀬地区で行われていた祭りにすぎなかったが、今や観光客や取材も多く、その対応にも追われている。また祭礼芸能の披露ということで、舞台への出演依頼もある。今後ますます同会は忙しくなるだろう。最後に財団法人八瀬文化財保存会がある。これは八瀬に残る重要文化財に指定されている仏像など文化財すべての管理保存をする組織である。

以上の団体は、多様化する社会に対応するため八瀬童子会から分離したものである。特に赦免地踊を統括する八瀬郷土文化保存会は、今や八瀬の重要な広告塔としての役目もはたしている。

この八瀬という場所は、洛北山間部に位置しているとはいえ、現在は交通の便も良く、大半の八瀬童子はマイカーなどを駆使してサラリーマンとして都市部へ通勤している。しかし先ほど記したように、祭りや行事にも積極的に参加している。隣村の大原では過疎化が始まっているが、八瀬では逆に宅地造成が進んでいる。地の利の良さが影響しているからだろう。したがって、地区として活気ある状況のもとに諸行事が遂行されているのである。まさしく理想の地といえるだろう。今後八瀬はこの三団体を軸にして、ますますの発展を遂げていくことになろう。八瀬童子の将来が楽しみである。

第二十章　天皇と八瀬童子〈皇室との新しい関係〉

一　赦免地踊の披露

「大君の御幸《みゆき》祝ふと八瀬童子　踊りくれたり月若き夜に」。歌は平成十六年（二〇〇四）八月、美智子皇后が八瀬童子の赦免地踊を詠まれたものである。明治時代以降、八瀬童子は天皇皇后の京都来訪のたびに、御所まで送迎に出向くという慣わしを持つ。この日も天皇皇后両陛下を出迎えた。踊りは夜、三日月の光のもと、御所の前庭で披露した。赦免地踊《しゃめんちおどり》をご覧になった皇后は、歌のなかで踊りの人々と共に三日月を仰いだ喜びを表現されたのである。皇后は赦免地踊について、親しく八瀬童子に話しかけられたという。

翌年九月、この歌を刻んだ記念の石碑が天満宮社境内に建立された。歌碑除幕式には、宮内庁・京都府・京都市をはじめ関係者多数が出席し、盛大に催された。祭典は八瀬童子の神事として行われた。高殿が祭主となり、歌碑建立の祝詞をうやうやしく奏上した（図84参照）。八瀬童子による赦免地踊の披露は、過去に数度あった。昭和三十四年（一九五九）八月には大宮御所南庭にて、現在の天皇が皇太子時代にご覧になっている（図85参照）。

八瀬童子が赦免地踊を披露するということは、単に八瀬の民俗芸能を上演しているのではない。年貢諸役免除を祝って始められた祭りではあるが、その歴史的根拠に天皇との強い結

図84　歌碑除幕式で祝詞を奏上する高殿

図85　赦免地踊の披露
正面奥：皇太子時代の今上天皇　きざはしで八瀬童子会長が説明

びつきがあったことは、すでに述べたとおりである。赦免地踊に秘められた天皇への八瀬童子の篤い思いが脈々と受け継がれているのである。八瀬童子の歴史上における朝廷へのかかわりが、はるか後の現代までかたちを変えて生きている。今の八瀬童子に、それほどの深い認識がなかろうとも、天皇との接点が絶えることなく続いていることは確かである。

二　皇室とのかかわり

戦後の八瀬童子は、税の優遇も輿丁《よちょう》としての名誉もすべてなくなった。昨今皇室とのかかわりは、行幸啓などの出迎えと大喪や大礼時における代表者奉仕のみである。八瀬童子であって宮内庁に勤務している者は、一名のみである。若い八瀬童子たちに次第と皇室観が薄らいでいくことは、ある意味で否めない現実である。

八瀬童子が新たに明治時代から現在に至るまで引き継いでいる行事に、葵祭（賀茂祭）における列方等の奉仕がある。これは葵祭「路頭の儀」における行列奉仕のことである。おそらく御所に奉仕するということから始まったものと考えられる。現在では九〇余名が参加している。昔は八瀬童子全員が参加していたが、仕事の都合にて現在の員数となっている。子役としては小学生の時代から参加が始まっており、小学校では行事に組まれている。そ

図86　葵祭に奉仕
前列右：三好八瀬郷土文化保存会長

の年に参加しない児童は、社会見学というかたちで当日を過ごす。いずれにせよ八瀬童子の子供は、幼少の時からすでに八瀬童子としての伝統を引き継いでいる。

さて前節で平成十六年八月、御所にて天皇皇后に赦免地踊を披露したことを述べたが、これは八瀬童子から願い出たことだった。当日は天皇の喜寿の祝いが、御所にて宮内庁ＯＢを中心に催されていた。三〇〇人ほどの賑わいだった。そのようななかで、午後七時から踊りを披露した。天皇の案内役は保司八瀬童子会長。皇后の案内役は三好八瀬郷土文化保存会長。赦免地踊の披露は約一五分間。その後、天皇皇后は直接八瀬童子全員におことばをかけられた。その時間約二〇分。皇后の歌は、このような情景のなかで詠まれたものだった。赦免地踊の披露は八瀬童子会で計画したものであったから、出演者は仕事返上で臨んだ。八瀬童子の皇室に対する思いの丈をみることができる近年のできごとだった。

毎年十二月の下旬、八瀬童子は天皇から御下賜金を賜る。八瀬童子は宮内庁京都事務所へ

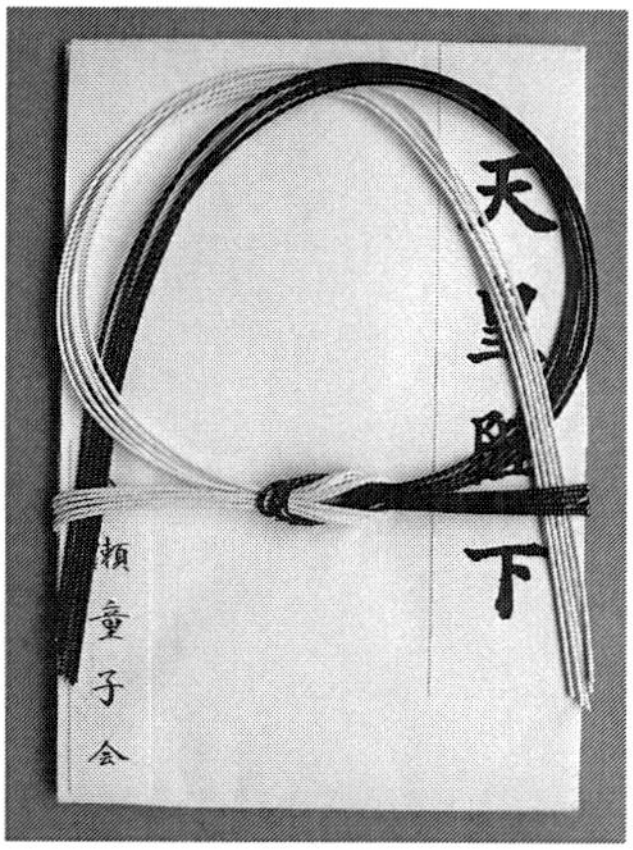

図87　御下賜金熨斗
（白と濃緑の水引）

赴き、古式ゆかしき熨斗《のし》（図87参照）を手にして退下する。御下賜金の理由は「古技保存のため」とされているが、考えてみればこれほどまで皇室との伝統が守られ続けられていること自体、極めて稀なことである。

　戦後の天皇制イデオロギー等というようなものをはるか超えたところに、八瀬童子の精神的存在価値があるように思えてならない。さらなる八瀬童子の研究が必要となろう。

主要参考文献

・谷北兼三郎『八瀬大原の栞』（一九二五年、無竹庵）
・井上頼寿『京都民俗志』（一九三三年、岡書院）
・井上頼寿「赦免地踊」『京都郷土芸能誌』（一九五三年、京都市）
・京都市編『京都の歴史』第一～一〇巻（一九六八～七六年、學藝書林）
・平山敏治郎「山城八瀬村赦免地一件（一）（二）」『人文研究』二三・二四号、大阪市立大学文学部紀要（一九七二年）、「山城八瀬村赦免地一件（補遺）」『成城文芸』一〇一号（一九八二年）
・田辺美和子「中世の〈童子〉について」『年報中世史研究』第九号（一九八四年、中世史研究会）
・京都市編『史料京都の歴史』八、左京区（一九八五年、平凡社）
・猪瀬直樹『ミカドの肖像』（一九八六年、小学館）、『天皇の影法師』（一九八七年、新潮社、初出は一九八三年、朝日新聞社）
・池田昭『天皇制と八瀬童子』（一九九一年、東方出版）
・山本英二「八瀬童子の虚像と実像」『列島の文化史』八（一九九二年、日本エディタースクール出版部）

・杉田博明「八瀬童子の秘祭」『別冊太陽』八二（一九九三年、平凡社）
・宇野日出生「八瀬の年中行事」『京都市歴史資料館紀要』第一七号（二〇〇〇年）
・梅原猛『京都発見』三（二〇〇一年、新潮社、初出は一九九八年、京都新聞日曜版）
・宇野日出生『八瀬童子会文書　増補』叢書京都の史料4（二〇〇三年、京都市歴史資料館、初版は二〇〇〇年）
・杉本史子「宝永五年山門結界裁許裏書絵図をめぐって（その一）（その二）（その三）（その四　小野寺淳）（その五）」「ふたつの緑色―同時代人の眼」『東京大学史料編纂所附属画像史料解析センター通信』第一二号（二〇〇一年）・第一三号（二〇〇一年）・第一六号（二〇〇二年）・第一七号（二〇〇二年）・第二六号（二〇〇四年）・第三六号（二〇〇七年）
・宇野日出生「八瀬童子の明治以降」『京都市政史編さん通信』第一六号（二〇〇三年、京都市歴史資料館）
・『八瀬童子の空間認識と歴史意識――日常・非日常空間への歴史地理学的アプローチ――』科学研究費補助金基盤研究（C）（1）研究成果報告書（二〇〇五年）
杉本史子「八瀬村と延暦寺の境界決定に関わる諸図の特質と使用色料について」
小野寺淳「宝永の山論をめぐる八瀬の日常生活」

宇野日出生「近代国家と八瀬童子」
西谷地晴美「歴史意識の時空」
・宇野日出生「八瀬童子の今昔」一～一五『京都新聞』文化欄（二〇〇五～二〇〇六年）

あとがき

その昔からひっそりとした八瀬の里であったが、道路の整備も手伝って、今や宅地造成も進み大きなマンションも建設された。新しい住居者も増えた。最近では四〇年余り営業されていた八瀬遊園の跡地に、京都八瀬離宮なる豪華リゾート施設も出現している。どんどん、景観は変わっている。八瀬は、もう山あいの集落とはいえないほどの賑わいとなった。しかし八瀬童子の伝統はしっかりと守られているし、気風に変化はない。八瀬童子の文化は、間違いなく継承されている。

筆者が古文書調査のため八瀬に入ったのは、平成五年のことだった。以降、文書の本格的な調査へと進むこととなった。しかし文書を調べているうちに、気になることが出てきた。それは八瀬に残っている習俗だった。これは文献を読んでも、いまひとつわからなかった。かくして平成九年から丸一年かけて、いわゆる民俗調査を行った。調査に際しては大変貴重な体験をさせていただき、心から感謝している次第である。この両面にわたる調査研究から、初めて八瀬の歴史や文化が理解できるようになった（気がする）。

平成十二年に『八瀬童子会文書』が刊行できたのも、かかる経緯のおかげだと思っている。さらにその成果はダイジェスト版として、『京都新聞』から平成十七～十八年に全一五回にわたって「八瀬童子の今昔」と題して連載することもできた。本書執筆の動機は、この連載によるところが大きい。八瀬に関する多くのデータを抱え込みながら、いつかはお世話になった八瀬童子の方々に読みやすい本を記し、恩に報いたいと思っていた。またこの書を多くの人たちに読んでいただき、八瀬童子に対する認識を深めてもらいたいと願っている。

最後になったが、このような結果を出せたのも、ひとえに八瀬童子会の皆様のおかげである。特に会長の故 山本六郎様・故 上田稔治様・保司博様と、八瀬郷土文化保存会長の三好義雄様には、ご迷惑ばかりをおかけした。さらに神事では、とくに高殿を務められた森田茂男様・芳賀芳朗様に、仏事では妙伝寺住職の荒木正宏様のご高配を得た。またそのほか多くの方々より、さまざまなるご助言・ご協力を賜わった。もとより浅学非才であるため、史料の分析や解釈、または民俗学的理解に誤りがあろうかと思われる。大方のご教示を乞う次第である。

本書出版に際しては、思文閣出版会長の田中周二様・専務取締役の長田岳士様・編集長の林秀樹様に心あたたまるご配慮を賜り、さらにご担当いただいた永盛恵様には大変お世話になった。心から御礼申しあげる次第である。なお校正にご助力いただいた前田尚美様にも深甚の謝意を表したい。

平成十九年三月　　　　宇野日出生

〈追記〉本書校正のさなか、八瀬童子会長保司博様がお亡くなりになりました。保司様は本書の刊行を楽しみにされておられましたので、たいへん残念でなりません。心よりご冥福をお祈り申しあげます。

◆著者略歴◆

宇野日出生（うの・ひでお）

1955年滋賀県生まれ．國學院大學大学院日本史学専攻修了．京都市史編さん所を経て，現在京都市歴史資料館統括主任研究員．専攻は日本中世史・文化史．主要業績として『京都歴史と文化——宗教・民衆——』（共著，平凡社，1994年），『神々の酒肴 湖国の神饌』（共著，思文閣出版，1999年），『上賀茂のもり・やしろ・まつり』（共編著，思文閣出版，2006年）がある．

八瀬童子《やせどうじ》 歴史《れきし》と文化《ぶんか》

2007（平成19）年4月20日　発行

著　者　宇野日出生
発行者　田中周二
発行所　株式会社思文閣出版
606-8203 京都市左京区田中関田町2-7
電話 075-751-1781（代表）

印　刷
製　本　株式会社図書印刷同朋舍

 ISBN978-4-7842-1352-8 C1021

◆索　　引◆

あ

い

う・え

お

か

き

く・け

こ

さ

し

す・せ・そ

た

ち・つ・て

と

な・に

ね・の

は

ひ

ふ

ほ

ま・み

む・め・も

や・ゆ・よ

り・れ・ろ

わ

◆図表一覧◆

宇野日出生（うの　ひでお）…京都市歴史資料館研究室
主任研究員

八瀬童子《やせどうじ》 — 歴史《れきし》と文化《ぶんか》 —
（オンデマンド版）

Digital
Publishing

2016年11月10日　発行

著　者　　宇野　日出生
発行者　　田中　大
発行所　　株式会社 思文閣出版
〒605-0089　京都市東山区元町355
TEL　075-533-6860　FAX　075-531-0009
URL　http//www.shibunkaku.co.jp/
装　幀　　上野かおる（鷺草デザイン事務所）
印刷・製本　株式会社 デジタルパブリッシングサービス
URL　http://www.d-pub.co.jp/

AJ811

ISBN978-4-7842-7024-8　C1021　Printed in Japan